Heike Bloom, Karin Sohnemann

DUNKLE GESCHICHTEN AUS

Celle

Bildnachweis
Heike Bloom: S. 6, 7, 38, 41, 51, 52, 55, 56, 70, 76
Karin Sohnemann: S. 13, 15, 24, 59, 61; Norbert Steinau: S. 29
Stadtarchiv Celle: S. 35; Gemeinde Wietze: S. 65, 66
Autorenfoto Heike Bloom (Umschlagrückseite): Malte Bloom

Danksagung
Ein herzliches Dankeschön für Kooperation und Unterstützung an:
Felicitas Bergner, Winser Heimatverein, e. V.
Martin Bollbach, Archiv Lachendorf
Jürgen Campen, WHV
Philipp Daniel, Gemeinde Wietze
Irina Gankema – Nikolaevskaia
Die Hausmeister im Schloss Celle (Herr Bloom, Herr Friedrich, Herr Heidemann)
Dr. Stephan A. Lütgert, Erdölmuseum Wietze
Frau Maehnert, Stadtarchiv Celle
Wolf-Rüdiger Matthies, Nds. Landesbehörde für Straßenbau und Verkehr
Frau Matuschek, Gemeinde Wietze
Kerrit Riesbeck
Norbert Steinau, Bomann-Museum
Michelle Stemann
Herrn Wittek, Hausmeister vom OLG
Inspiration fanden wir in unserer geschichtsträchtigen Stadt und beflügelt wurden wir von unseren Familien.

1. Auflage 2020

Umschlaggestaltung: r2 | Ravenstein, Verden
Layout und Satz: Schneider Professionell Design, Schlüchtern-Elm
Druck: Druckerei Zimmermann Druck + Verlag GmbH, Balve
Buchbinderische Verarbeitung: Buchbinderei S. R. Büge, Celle

34281 Gudensberg-Gleichen, Im Wiesental 1
Tel. 0 56 03 - 9 30 50 www.wartberg-verlag.de
ISBN 978-3-8313-3234-2

Inhalt

Vorwort

Liebe Leserinnen und Leser,

wie mutig – Sie haben sich für ein Buch mit dunklen Geschichten entschieden. Vielen Dank dafür. Alle Texte haben einen wahren Bezug zu Celle. Sie lassen sich gut vor dem Einschlafen lesen, haben aber alle einen Hang zum Thema Dunkelheit und Mysterium. Schmunzeln werden Sie, wenn es um Ersatzkaffee geht, gruselig wird es, wenn die weiße Frau von Ihrer Fantasie Besitz ergreift. Liebeswahn und Leidenschaft enden in einer Tragödie, so kommt auch die Romantik nicht zu kurz.
Wir wünschen Ihnen beim Lesen der Geschichten viel Freude. Sie sind von einer anderen, einer ganz besonderen Art.

Heike Bloom und Karin Sohnemann

Lass Dunkelheit aus deinem Buch aufsteigen.
Es tanzen Diebe, Geister, Künstler einen Reigen.
Spannend, gruselig, schwarz und bunt,
in diesen Geschichten geht es rund.
Am Ende angelangt, lässt dir das ein oder andere keine Ruh.
Schick‘ das Dunkle zurück ins Buch und klapp‘ es leise und behutsam zu.

(von Heike Bloom)

Die Blaue Brücke und die Weiße Frau

Die Straße L282 führt von Lachtehausen bis kurz vor Lachendorf durch die „Sprache", das älteste Waldgebiet im Landkreis Celle. Woher der Name des Forstes kommt, ist offen. Mal liest man, es soll vom „gesprochenen Wort" abgeleitet sein, da es hier vor Jahrhunderten einen Thingplatz (historische Stätte, wo Volks- und Gerichtsversammlungen der Germanen abgehalten wurden) gab. Dann wiederum heißt es, die alten Namen Sproke, Spracke oder Sprake könnten sich auf landschaftliche Gegebenheiten beziehen. Dünen, Morast und dichte Wälder sind typisch für dieses Gebiet. Die feuchte Lage in der Umgebung des Heideflusses „Lachte" zeichnet den Wald mit einer besonderen Holzqualität aus. Die mächtigen Laubbäume schlucken im Sommer allerdings sehr viel Sonnenlicht und Feuchtigkeit lässt dichten Nebel häufiger als in anderen Gebieten aufsteigen.

Fährt man mit dem Auto die schnurgerade Straße entlang, überquert man an einer Stelle den idyllischen Heidefluss und rollt über die „Blaue Brücke". Sie wurde 1960 gebaut. Magisch wirkt ihr blau gestrichenes Geländer. Schaut man von dort auf die Lachte hinunter, glitzern die sanften Wellen im spärlichen Sonnenlicht. Kanu fahren und Baden stehen im Sommer hoch im Kurs.

Von der Brücke gibt es Ungewöhnliches zu berichten. Sie soll manchmal bereits im Sommer vereist sein. Befinden sich viele Spinnennetze am Geländer, wirkt die Szenerie übernatürlich. Sogar von Irrlichtern wird berichtet. Ob das wohl stimmt? Frostige Nächte im August kann es durchaus geben. Außerdem hat die Blaue Brücke eine durch und durch mysteriöse Seite. Seit Ende der 1970er-Jahre erzählen sich die Menschen von Erlebnissen, die überwiegend in der Dunkelheit stattfinden und in denen die „weiße Frau" eine zentrale Rolle spielt.

Ein Weg im Waldgebiet Sprache.

Sind es Visionen oder Spukgeschichten, von denen wiederholt berichtet wird? Die Unfallzahlen auf dieser Straße in der Sprache sind jedenfalls außergewöhnlich hoch. In der Umgebung der Blauen Brücke soll es mitunter vorkommen, dass gegen Mitternacht eine Gestalt auf der Straße oder am Straßenrand erscheint. Ihr Äußeres hat keine klar erkennbaren Konturen, wird aber als „weiblich" bezeichnet. Sie trägt zudem stets einen Schleier und ist weiß gekleidet. Wirkt sie bedrohlich, soll sie für Unfälle verantwortlich sein. Dann wiederum steht sie einfach nur ganz sanft und ruhig, ohne jegliche Bewegung, am Waldrand. In diesem Fall mag sich der Fahrer erschrecken und seine Geschwindigkeit drosseln. Das hat manchen Unfall in dieser wildreichen Gegend verhindert. Ein Fahrer gab an, sein Tempo drastisch verringert zu haben, als er die Frauengestalt am Straßenrand sah. Das sei sein Glück gewesen, da er später feststellte, dass die Ladung auf dem Dach schlecht gesichert war. Er wurde somit vor einem bösen Unfall bewahrt.

Geheimnisumwittert: Die Blaue Brücke über die Lachte an der L 282.

Eine andere Autofahrerin fuhr die Straße mit Freunden in Richtung Lachtehausen entlang, als sie plötzlich an eine schlecht erkennbare Unfallstelle kamen. Der verletzte Fahrer berichtete, dass eine Frau auf der Straße gestanden hätte, der er ausweichen musste.
Es heißt, ein zu schnell fahrendes Auto würde plötzlich automatisch langsamer und genau neben der weißen Frau anhalten. Sie bietet dem Fahrer zwei Schlüssel an. Wählt er den richtigen, kommt man wohlbehalten an seinem Ziel an. Wählt man den falschen, endet die Fahrt tödlich an einem Baum.
Wenige Kilometer vom Waldgebiet Sprache entfernt verläuft die Bundesstraße 214. Hier hatten Anfang der 1980er-Jahre vier junge Leute eine Begegnung mit der weißen Frau. Auf der Fahrt zu einer Diskothek begegnete sie ihnen kurz nach dreiundzwanzig Uhr an einem Waldrand. Alle vier hatten die Erscheinung gesehen und der Fahrer verlangsamte die Fahrt. Die Gestalt stand bewegungslos da und wachte über das Wohl der jungen

Leute. Bis heute ist das Geschehen einigen so stark in Erinnerung, als ob der Vorfall sich erst gestern ereignet hätte. Einer der jungen Männer lernte zehn Jahre später einen seiner heute besten Freunde kennen. Er erzählte ihm von dem Ereignis und war froh, ernst genommen zu werden. Dieser hatte nämlich ebenfalls eine Begegnung mit der weißen Frau!
Was steckt hinter der Legende? Es gibt mehrere Versionen. Es soll sich auf jeden Fall um den Geist einer Mutter handeln, heißt es. Entweder ist ihr Kind überfahren worden oder sie ist zusammen mit ihren Kindern bei einem Autounfall ums Leben gekommen. Beides muss auf jeden Fall durch einen rasenden, rücksichtslosen Autofahrer passiert sein. Nun will sie sich rächen oder mahnen nicht zu schnell zu fahren. Ein tödlicher Unfall, der zu den beiden Versionen passt, ist nicht bewiesen. Ihr Geist, so glauben andere, könnte in einer Zwischenwelt verweilen. Der Unfalltod geschah so plötzlich, dass es der traumatisierten Seele bis heute nicht gelang, den Ort zu verlassen.

Heike Bloom

Heiße Glut und schwarze Erde

Wenn „Schulfrei!“ kein Jubelruf ist und wenn Kinder sich nur verhalten über Badewetter freuen, muss sie etwas ernsthaft bedrücken. Das war so im Sommer 1975. Viele Tage lag trockene Hitze über dem Land. Selten sanken die Temperaturen unter 35° C. Den 8. August sollte man in der Region Celle noch viele Jahre in Erinnerung behalten.

Es war Freitagnachmittag, die Menschen sehnten den Feierabend und das Wochenende herbei. Man würde die Nachbarn zum Grillen einladen, plante, mit der Familie den Sonntag im Freibad zu verbringen.

Wer bei der freiwilligen Feuerwehr in Stüde war, der wurde nun aufgeschreckt. Ein Flächenbrand brach aus, der schnell außer Kontrolle geriet. Das Feuer sprang über den Elbeseitenkanal und bedrohte die Ortschaft Neuplatendorf. Die Waldbrandgefahr begleitete die Menschen in jedem Sommer. Aber in den zehn darauffolgenden Tagen brachen nicht weniger als 432 Brände aus. Vier wurden als Katastrophenbrand eingestuft. Im weiteren Verlauf der Ereignisse geriet der gesamte Naturpark Südheide in Gefahr. Zwischen Gifhorn, Unterlüß und Celle tobte ein Flammenmeer. Gleich am ersten Tag ereignete sich ein Unglück, dem weitere folgen sollten. Auf der Rückfahrt von seinem Einsatz erlag der Kreisbrandmeister Meyer aus Gifhorn einem Herzversagen. Er war erst 45 Jahre alt. Eine Feuerwalze überrollte ein Löschfahrzeug aus Neuplatendorf. Zwei Feuerwehrleute trugen schwerste Brandwunden davon.

Am 9. August planten die Bundesbehörden einen Großeinsatz. Einen Tag später brannte es bei Eschede im Queloh. Rebberlah und Starkshorn wurden evakuiert. Im fünf Kilometer entfernten Garßen schauten die Menschen fassungslos auf eine Feuerwand, die ihrem Neubaugebiet stetig näher kam. Glühende Kienzapfen segelten kilometerweit und regneten auf ein unbebautes Nachbargrundstück. Die Luft war rußgeschwängert. Die Grundschule wurde geschlossen. Die Kinder schickte man aber zu Verwandten, man selbst saß auf gepackten Taschen, um das neue Zuhause im Notfall rasch zu verlassen.

Zwischen Celle und Eschede nutzte man einen Schienenlöschzug der Deutschen Bundesbahn. Pro Kesselwagen hatte dieser ein Fassungsvermögen von 4500 Litern. Es wurde immer mit zwei Wagen gelöscht, während die beiden anderen betankt wurden. 5160 ha standen bereits in Flammen. Da, endlich und viel zu spät, wurde Katastrophenalarm ausgelöst und der Brandschutz aus Lüneburg angefordert.

Ein neues Feuer wurde bei Meinersen an der Bundesstraße 188 entdeckt. Ein Tanklöschzug aus Wolfsburg-Fallersleben wurde vom Flammenmeer eingeschlossen. Ein Hubschrauber kreiste über der Unglücksstelle. Die Besatzung schaute fassungslos in die brüllende Hölle unter sich. Helfen konnten sie nicht; denn der Hubschrauber war nicht mit einer Rettungsseilwinde ausgestattet. Fünf Feuerwehrleute kamen in dem Inferno um. Später sollten Einsatzkräfte berichten, die Hitze im Zentrum der Flammenhölle sei so groß gewesen, dass sogar der Lack auf den Kühlerhauben der Löschzüge schmolz.

Hilfe kam jetzt von allen Seiten. Frankreich schickte drei Löschflugzeuge. Mit Planierraupen und Bergepanzern legte man Brandschutzschneisen. Weltuntergangsszenarien spielten sich am 12. August zwischen Lüchow-Dannenberg und Gorleben ab. 2000 ha Wald- und Ackerfläche wurden vernichtet. Würde das Feuer auf die DDR übergreifen? Vorsorglich wurden die Behörden in Kenntnis gesetzt. Den Brand beobachtete man zwar jenseits der Grenze, Hilfe schickte man aber nicht. Der sowjetische

Wettersatellit Meteor 22 sendete Bilder aus dem Weltraum: Eine 250 km hohe Rauchsäule schraubte sich hinauf.
Eine Brandkatastrophe solchen Ausmaßes hatte man in der Bundesrepublik bis dahin noch nie erlebt. Im Wendland wurden die Ortschaften Prezelle, Lanze und Nemitz evakuiert. Zum Glück nahm kein Gebäude Schaden. Feuerwehreinheiten aus Schleswig-Holstein und Nordrhein-Westfalen eilten zur Hilfe. Sie würden den schrecklichsten Einsatz ihres Lebens niemals vergessen. Die Kameraden erreichten den Stadtrand von Celle. Sie waren noch 20 km vom Einsatzort entfernt, da sahen sie die Feuerwand am Horizont glühen. Beißender Rauch hüllte sie ein. Ein Regen aus Funken und Asche stob über ihre Fahrzeuge.
Ein weiteres Menschenleben war zu beklagen. Ein Polizist fand den Tod, als er einen vermeintlichen Brandstifter verfolgte.
Die französischen Löschflugzeuge wurden zunächst im Steinhuder Meer betankt. Der Hin- und Rückflug kostete jedoch wertvolle Zeit. Die Wasseraufnahme auf dem Fliegerhorst Celle-Wietzenbruch erleichterte die Sitatution. Europaweit berichteten Rundfunkanstalten, Zeitungen und Fernsehsender über den Fortgang der Löscharbeiten. Es hieß, Schaulustige würden die Zufahrten behindern, außerdem seien einige Wege nicht mehr befahrbar. Unzählige Feuerwehrleute seien mit Verbrennungen und Rauchvergiftung in die Krankenhäuser eingeliefert worden. Noch immer war nicht klar, wie viele Menschen ihr Leben verloren hatten.
Erst zehn Tage nach Ausbruch des ersten Flächenbrandes hatte sich der Rote Hahn ausgetobt. Am 18. August wurde der Katastrophenalarm beendet. Die Bilanz war grauenvoll. Insgesamt waren 13 000 ha betroffen. 800 ha Wald, 500 ha Moor.
An den Löscharbeiten waren neun deutsche Bundesländer mit

1500 Einsatzkräften und 3800 Löschfahrzeugen beteiligt. Folgende Hilfsorganisationen waren eingebunden: das Deutsche Rote Kreuz, der Malteser Hilfsdienst, die Johanniter Unfallhilfe und der Arbeiter Samariterbund. 11 000 Bundeswehrsoldaten, Zollbeamte, das Technische Hilfswerk und der Bundesgrenzschutz unterstützten die Feuerwehr mit einem riesigen Maschinenpark von 360 Bergepanzern und Planierraupen. Rettung aus der Luft brachten drei Löschflugzeuge aus Frankreich und 80 Hubschrauber.

Was im Einzelnen der Auslöser für die Eskalation der Ereignisse war, ist nie sicher ermittelt worden. Eventuell war es zu einer Überhitzung der Bremsanlage bei einem Schienenfahrzeug gekommen. Bei den vielen Einzelbränden war offenbar Brandstiftung im Spiel. Im Visier der Berichterstattung war Gorleben, damals sehr umstritten als Atomendlager. Das große Feuer hatte eine Lichtung in den Wald gefressen. Man sah eine gewisse Brisanz in der Tatsache, dass die Atomkraftgegner später eben jene Lichtung für ihre Demonstrationen nutzten.

Eine Menge verdorrtes Totholz hatte dem Feuer Nahrung geboten. Drei Jahre zuvor hatte ein heftiger Orkan im Landkreis Celle zwei Millionen Festmeter Holz geworfen. Das entsprach der fünfzehnfachen Jahresbilanz der Forsten. Als der große Brand über das Land kam, waren längst nicht alle Aufräumarbeiten abgeschlossen.

Die Koordination der Löscharbeiten wurde durch die verschiedenen Zuständigkeiten behindert. Die Hierarchien innerhalb der Organisationen wie auch untereinander waren nicht geklärt. Der Funkbetrieb war hoffnungslos überlastet und veraltet. Die Ausrüstung der Wehren vor Ort war technisch nicht auf dem neuesten Stand. Was die Logistik der Löscheinsätze behinderte, war der Mangel an geeigneter Infrastruktur. Es gab kein vernünftiges

Der Gedenkstein an der Bundesstraße 188 bei Meinersen.

Wegenetz. Es gab keine Löschwasserteiche, geschweige denn genug Brunnen in erreichbarer Position. Kurz, nach der Katastrophe galt es an vielen Stellen nachzubessern.
Welche Lehren zog man aus dem Desaster von 1975? Entnahmestellen für Löschwasser wurden an verschiedenen Fischteichen eingerichtet und vier neue Feuerlöschteiche und fünf Brunnen angelegt. Außerdem sorgte man für unterirdische Wassertanks. Die Feuerwehren auf den Dörfern wurden mit moder-

nen Löschzügen ausgestattet. Der völlig veraltete VW Bulli hatte ausgedient. Die Funktechnik wurde verbessert. Feuerschutzstreifen wurden mit feuerhemmenden Holzarten bepflanzt. Bei der Wiederaufforstung achtete man auf einen Laubmischwald mit Schwerpunkt Eiche und Douglasie. Das war eine Herausforderung, da der Heidesand für manche Baumarten nicht genug Nährstoffe bereithält und die Feuersbrunst die Humusschicht vernichtet hatte.

Die Kadaver verbrannter Rehe, Hirsche und Dachse und die verkohlten Baumstümpfe gaben Anlass zu schlimmsten Befürchtungen. Würde sich die Lüneburger Heide je erholen? Nun, vier Jahre später blühte sie wieder, die Heide. Der Wald aber ist ein vorwiegend junger Bestand mit seinen vierzigjährigen Bäumen. Holz ist ein nachhaltiger Wertstoff, aber es braucht zwei bis drei Generationen, um gesunden Hochwald nachzuziehen.

Der Landkreis Celle punktet mit einem hohen Waldanteil. Historisch bedingt liegen mehr als die Hälfte dieser Forstflächen in privater Hand. Der Rest wird als Staatsforst geführt oder von der Klosterkammer Hannover bewirtschaftet. Mit dem Brand wurden 148 Privatwaldbesitzer geschädigt.. Zum Glück gab es Entschädigungen für die Wiederaufforstung. Durch eine Mitgliedshaft in der Forstbetriebsgemeinschaft ist man gegen Waldbrand teilwertversichert.

Es gibt Gedenktafeln auf dem Zitronenberg und vor dem Dehningshof. An der Bundesstraße 188 bei Meinersen erinnert ein großer Findling an die Katastrophe und die Todesopfer. Er ist umgeben von fünf kleineren Steinen, von denen jeder an einen der verunglückten Kameraden erinnert.

Karin Sohnemann

Apollonia

In zunehmender Dunkelheit schickten sich einige Passanten an, die Straße zu überqueren. Vergeblich. Erst als sich eine schwarz gewandete Gestalt quer zur Fahrbahn aufstellte, trat jemand auf die Bremse. Die Person breitete gebieterisch die Arme aus und ermöglichte es zwei weiteren Damen im schwarzen Habit hinüberzuwechseln. Der Fahrer glaubte seinen Augen nicht zu trauen. Die Resolute schlug vor seinem Kühler das Kreuzzeichen und verschwand. Drei Nonnen. In Celle?!

Heute leben im Kloster Wienhausen alleinstehende evangelische Damen.

Was der verwirrte Autofahrer nicht wissen konnte: Es handelte es sich um ein Projekt des Schlosstheaters Celle. Deutschlandweit wurde das fünfhundertste Jubiläum der Reformation gefeiert. Für Celle hatte das Jahr 2017 eine weitere Bedeutung. 500 Jahre Reformation fielen zusammen mit dem Stadtjubiläum. Celle durfte auf 725 Jahre zurückblicken. Damals hatte Herzog Ernst die Einführung der Reformation mit Elan und Effizienz vorangetrieben. Celle war die erste Stadt in Norddeutschland, in der die neue Religion durchgesetzt wurde.

Das Schlosstheater beteiligte sich mit dem „Parcours zur Reformation Celle". Ein Historienspiel in der Stadtkirche sollte der Ausgangspunkt des Theater-Parcours sein. Von hier aus führten die Darsteller ihr Publikum zu den anderen Spielstätten. Das Schlosstheater zog die Lebenstragödie der Nonne Apollonia heran, um die dunkle Seite der Reformation in Celle zu dokumentieren. Als Bühne für das Historienspiel wählte man die Empore der Stadtkirche Sankt Marien. Interaktives Theater – das wurde sehr wörtlich genommen; denn das Volk war in diesem Stück das Publikum und abgesehen von der Hauptfigur Apollonia waren die Nonnen Laiendarsteller. So fühlte sich jeder von dieser Begebenheit, die sich um 1530 in unserer Stadt ereignet hatte, ganz persönlich betroffen.

Herzog Ernst ließ 1531 ein Viertel der Klosteranlage Wienhausen niederreißen. Das Baumaterial konnte er gut gebrauchen, denn er ließ seine Hofkanzlei damit erweitern. Die Äbtissin des Klosters Wienhausen, Katharina Remstede, floh mit allen Urkunden nach Hildesheim. Sie sollte sich ein Vierteljahrhundert lang der Reformation widersetzen. Eine enge Vertraute der Äbtissin war die Nonne Apollonia. Heikel an dieser Geschichte: Apollonia war die Schwester des Landesherrn und damit Prinzessin von Braunschweig Lüneburg.

Apollonia (1499–1571) wurde, wie üblich, als Fünfjährige in das Kloster gegeben und jetzt war sie 26 Jahre alt. Sie hatte nie etwas anderes gesehen, das Kloster nie verlassen. Es war ihre Heimat, die anderen Nonnen betrachtete sie als ihre Familie. Sie fühlte sich dort sehr wohl und wäre gern weiter Nonne geblieben. Vielleicht hätte sie später Äbtissin werden können. Herzog Ernst jedoch ließ seine Schwester 1527 unter dem Vorwand, seine mutterlosen Kinder brauchten ihre Fürsorge und Betreuung, aus Wienhausen in das Celler Schloss holen.
Die Frauenklöster selbst aber ließ der Herzog, im Unterschied zu anderen Landesherren, die sich dem Protestantismus anschlossen, bestehen, um den adligen Familien zu ermöglichen, unverheiratete Töchter standesgemäß unterzubringen. Die Konvente durften sich jedoch nicht mehr selbst verwalten und mussten den neuen Glauben praktizieren. Strenge Kontrollen zog das allemal nach sich. Den Nonnen fiel es besonders schwer, auf die Marienverehrung zu verzichten. Wer weiter dem „papistischen" Glauben anhing, hatte das Land zu verlassen und musste sich ein katholisches Kloster suchen.
Zurück zu Apolonia. Wie eng ihre Bindung an Katharina Remstede war, lässt ein Brief erkennen, den sie an ihre Äbtissin, nun Domina genannt, schrieb: „Meine herzlichste, geliebteste und teuerste Domina! Ich habe es mit befreitem Herzen aus dem Brief meiner Herrin gehört, dass sie wieder nach Hause gekommen ist. Dessen bin ich so lange begehrend gewesen, dass ich den Tag erleben möchte, an dem meine Herrin wieder nach Wienhausen kommt. Wollte Gott, dass ich nun bald noch einmal zu meiner Herrin kommen kann. Das soll mir eine große Freude sein. Aber es liegt nicht in meinem Willen." Anders als die Äbtissin durfte Apollonia niemals wieder nach Wienhausen zurückkehren.

Unsere Laiendarsteller, die Nonnen auf Zeit, konnten sich gut in die Situation der damaligen „Süstern“ hineinversetzen. Die Phase der Proben und der Aufführungen haben sie als anstrengende, aber auch sehr lustige Zeit in Erinnerung. Das Kostüm half ihnen, ihre Rolle glaubhaft auszufüllen. Eine jede empfand, wie eigenartig distanziert ihnen die Menschen nun entgegentraten, nein, ihnen gar respektvoll auswichen. Sie fühlten sich einerseits separiert und einsam im Nonnenhabit, gleichzeitig verlieh es ihnen große Würde. Erst nach und nach fühlten sie sich lockerer. Am Tag der Premiere bad-hair-day? Egal. Die Strümpfe rutschten in Ringeln herab? Kein Problem – der lange Rock verbarg es ja.
Nach dem Historienspiel war es unseren Nonnen vorbehalten, das Publikum zu den anderen Spielstätten zu geleiten. Nun überkam sie der Übermut. Die Autofahrer wunderten sich: drei Nonnen auf dem Zebrastreifen – Nonne schwarz auf weißem Grund, Weiß auf Schwarz, Schwarz auf Schwarz, hopp, hopp, hopp. Eine Menschenmenge folgte, die wartenden Autofahrer wurden gesegnet. Der Theater-Parcours nahm seinen Lauf, andere Spielstätten, andere Geschichten.

Karin Sohnemann

Viel mehr als nur ein Feuerzeug

Der Junge war kaum zwölf Jahre alt. Die älteren Burschen in der Hitlerjugend bewunderte er. Das gemeinsame Singen, die Ausflüge mit anschließenden Lagerfeuern – all das begeisterte ihn. Die mahnenden Worte von Vater und Großvater nahm er nicht ernst. Beide lehnten die Nationalsozialisten ab, was Henrik in einen Zwiespalt stürzte. Henrik war in den Krieg hineingeboren, er kannte nichts anderes. Die Gewissenskonflikte der Eltern und ihre ständigen Sorgen um den Erhalt der Familie waren ihm nicht bewusst. Henrik streifte mit den Brüdern oder allein durch die Wälder, sie tummelten sich am Allerufer. Ihre Helden waren im Wilden Westen zu Hause, waren verwegene Seefahrer wie Graf Luckner oder eben Jagdflieger, ja Bomberpiloten. Abenteuerlust und Fernweh bestimmten Henriks Kinderwelt. Bis zu jenem Tage im April 1945.

Die Fronten in Ost und West waren im Spätwinter in bedrohliche Nähe gerückt. Ein baldiges Ende des Krieges war abzusehen. Viele fürchteten sich vor dem, was dann kommen mochte. Es geschähen allerhand Dinge unter ihren Augen, auf die sie nicht stolz sein könnten, so sagten die Alten. Was meinten sie nur? Glaubten sie denn nicht an den Endsieg?, fragte sich Henrik.

Die Alliierten bombardierten zunehmend die Eisenbahnlinie Celle-Schwarmstedt. Man war dazu übergegangen, die Züge nicht nur mit Personen- und Packwagen auszustatten, sondern führte einen offenen Plattenwagen am hinteren Ende des Zuges mit. Umgeben von einer Bretterverschalung und Sandsäcken befand sich darauf ein Maschinengewehr, das zur Abwehr von Tieffliegern dienen sollte. Am Bahnhof in Winsen war es Henrik einmal gelungen, sich die Waffe genau anzusehen.

Eines Tages entkam der Junge den häuslichen Pflichten und

stromerte durch die Feldmark, als er Tiefflieger bemerkte, die die Bahnstrecke unter Beschuss nahmen. Er duckte sich in einen Wassergraben und beobachtete, wie ein Flieger, nach einem Gegenangriff getroffen, trudelnd und brennend über dem Wald abstürzte. Er sollte schnell nach Hause, die Mutter würde sich sorgen, doch Henrik konnte der Versuchung nicht widerstehen. Noch nie hatte er einen englischen Bomber aus der Nähe gesehen! Er rannte zur Absturzstelle. Von dem Flugzeug waren nur weit verstreute und verkohlte Einzelteile übrig.
Etwas blinkte im Heidekraut. Das Kleinod verspottete den Anblick der herumliegenden Trümmer. Es verhöhnte den Leichnam des Piloten. Das Feuerzeug war wohl beim Aufprall herausgeschleudert worden. Für Henrik war das goldblitzende Ding ein geborgener Schatz, aber wie grausig war der Anblick des verstümmelten Piloten!
Der Junge nahm das Feuerzeig an sich. Warm und glatt lag es in seiner Hand. Wie würden die großen Bengels staunen! Stolz würde er sein Fundstück präsentieren: „Hier, Leute! Hab ich aus Feindeshand erbeutet. Echt englisch. Wetten, bei euch zu Hause gibt es bloß Streichhölzer?“
Den ganzen Nachmittag verbrachte er hinter dem Hühnerstall. Er ließ das Feuerzeug mit einem Klick aufspringen, wieder zuschnappen, wieder aufspringen. Er hielt es hoch, wollte sich an seinem Aufblitzen im Sonnenlicht erfreuen. Aber dauernd sah er die gekrümmte Gestalt des verunglückten Piloten vor sich.
Beim Abendessen entging dem Vater nicht, dass Henrik etwas in der Hosentasche verbarg. Er stellte ihn zur Rede. Vor dem Holzschuppen setzte sich Vater August auf den Hackeklotz und erzählte Henrik, dass die Bahnstrecke erst wenige Wochen zuvor schon einmal Ziel eines Luftangriffes war. Es hatte im Januar den Mittagszug von Celle nach Winsen getroffen. Auch einige

Schüler, die in Celle auf das Gymnasium gingen, waren in dem Zug gewesen. Der Zugführer hatte vorsorglich in Oldau gehalten, aber vom Gaubefehlsstand kam die erlösende Nachricht: „Freier Luftraum zwischen Celle und Schwarmstedt!“ Der Zug rollte also wieder an. Der Plattenwagen mit dem Maschinengewehr blieb unbesetzt. Der Vorgesetzte der mitfahrenden Soldaten hatte das so entschieden. Doch dann geschah der Angriff. Die Menschen stolperten hinaus, kaum dass alle Waggons zum Stehen gekommen waren. Sie duckten sich zwischen den Kiefern in das Heidekraut. Es hatte einen Treffer gegeben und vier Mädchen aus Winsen, das jüngste erst fünf Jahre alt, starben. Die Eltern der Mädchen waren auf die eigenen Soldaten wütend, die das Maschinengewehr zur Flugabwehr nicht besetzt hatten. Ihre Wut richtete sich nicht auf den Piloten, der diesen Schülerzug bombardiert hatte. August legte seinem Sohn die Hände auf die Schultern: „Der Pilot, von dem das Feuerzeug stammt, Henrik, der war vielleicht auch Familienvater. Vielleicht lässt er in England eine Frau und Kinder zurück. Mag sein, er hat einen Sohn, der so alt ist wie du. Jeder vermeintliche Feind ist ein Mensch! Das Feuerzeug mag dich immer daran erinnern.“
Am Abend stand Henrik am Flussufer. Er ließ das Feuerzeug aufschnappen, zuklicken, wieder aufschnappen. Hell, dunkel, hell, dunkel. Freund, Feind, Christ, Jude – die Jungen aus der Hitlerjugend hatten nie einen Zweifel gelassen, auf welcher Seite man zu stehen hatte. Die Worte des Vaters zeigten Henrik, so einfach war das nicht. Das Feuerzeug hatte ihn zur Besinnung gebracht. Es sollte ihm eine Mahnung sein und er würde es in Ehren halten. Doch es brannte heiß in seiner Tasche. Da holte er aus und warf es so weit fort, wie er nur konnte. Es versank in den Fluten der Aller und mit ihm versank die unbeschwerte Kinderzeit.

Karin Sohnemann

L´Homme poussant la porte – Ein Mann durchstößt die Pforte

Feierabend! Xenia nestelte ihr Namensschild vom Revers der Jacke. Für heute mochte sie keine weitere Besuchergruppe mehr herumführen. Ihre Füße taten weh, ihre Stimme brauchte Erholung. Doch kaum hatte sie den Heimweg angetreten, wurde sie von Touristen angesprochen. Alle waren mit Fotoapparat bewaffnet oder machten Bilder mit Handykamera. Sie trugen Rucksäcke mit der obligatorischen Wasserflasche im Seitenfach: „Entschuldigung, Sie sehen so kompetent aus. Können Sie uns sagen, was das dort an der Ecke für ein Dunkelmann ist?" Die beiden wirkten fröhlich und sympathisch, da gab Xenia gern ein paar Informationen gratis.

Sie berichtete, „L´Homme poussant la porte – ein Mann durchstößt die Pforte" sei eine Bronzeskulptur von Jean Ipousteguy, einem bedeutenden Künstler des neuen Realismus. Der stamme aus Dun sur Meuse in Frankreich. Er habe dieses Kunstwerk schon 1966 geschaffen, doch erst in den 90er-Jahren, im Rahmen einer Kunstpreisverleihung der Heidland Foundation, konnte Ipousteguy das Werk in Celle vorstellen. Drei Jahre später fanden sich endlich Sponsoren und der schwarze Mann konnte als Dauerleihgabe nach Celle zurückkehren. Das Werk zeige den Übergang vom Leben in das Totenreich.

„Donnerwetter. Und hat sein Schöpfer ihn an diesem Standort je besucht?"

Xenia konnte auch das beantworten: „Oh, ja, Ipousteguy durfte diesen Platz selbst mit auswählen."

„Eigenartig, wieso steht er mitten auf dem Gehweg? Der passt doch besser auf einen Friedhof. Oder warum hat man ihn nicht wenigstens dort oben vor die Kirche gestellt?"

„Egon, lass die Dame doch jetzt mal in Ruhe! Also ich kann verstehen, warum der hier steht. Hier ist er nicht exponiert, er ist mitten unter den Passanten, so wie auch der Tod stets unter den Lebenden weilt. Er soll uns mit der Nase darauf stoßen, dass wir alle mal durch die Pforte müssen. Er ist auch nicht extra auf einen Sockel gestellt."
„Mhmh. Seine Frisur ist aber völlig verschnippelt, rechts dicke Tolle, links Kahlschlag! Und warum schleppt er diesen armen Hund mit?"
Xenia brauchte gar nicht darauf einzugehen, weitere Zuhörer hatten sich eingereiht und einer gab besagtem Egon die Antwort:
„Das hat Bezug auf die griechische Mythologie. Man wurde vom Fährmann über den Fluss Styx geschickt. Vorher hat Persephone, das ist die Frau des Totengottes Hades, den Kandidaten die Haare geschnitten. Der Hund Kerberos wachte darüber, dass keiner aus dem Totenreich zurückkam. Und schauen Sie, hier, unser Bronzemann hat ein Goldstück in der Hand. Das ist der Lohn für den Fährmann."
„Siehste mal! Nix is umsonst, nicht mal der Tod. Was soll man mit Kunstwerken anfangen, die dann doch keiner versteht?" Der Herr, der Xenia angesprochen hatte, war erbost.
„Du siehst doch den Effekt, Egon, man hinterfragt, man liest sich ein, diskutiert darüber. Ich schätze, für die Gleichgültigen hat Ipousteguy das Werk nicht geschaffen."
„Auch eine Theorie. Komm mal hier rum, Ursel! Man muss den Kerl echt von allen Seiten anschauen. Hier vorne ist der Körper schon in Auflösung begriffen. Der Fuß, mit dem er bereits durch die Pforte gebrochen ist, hat weder Haut noch Fleisch, da sieht man nur Sehnen und Knochen. Wahrhaft gruselig."
„Na, von hier aus betrachtet hat er wirklich schöne Beine, der

Ein Mann durchstößt die Pforte.

Bronzemann. Überhaupt wirkt er so ästhetisch und erhaben. Ganz aufrecht, stolz und zielstrebig steigt er durch die Wand."
Amüsiert beobachtete Xenia, wie sich weitere Spaziergänger an der Diskussion beteiligten.
„Wenn Sie mich fragen, so morbide ist das alles gar nicht. Sein Blick ist nicht nur gen Himmel gerichtet. Er schaut auf das Schloss! Unbeirrbar strebt er nach etwas Höherem. Das kann alles bedeuten: jemand will etwas aus sich machen, durchbricht Standesschranken, bereist ferne Länder, oder da hat einer den Mut, sich weiterzuentwickeln. Es kann auch bedeuten, fremden Menschen gegenüber aufgeschlossen und tolerant zu sein. Ihm ist klar, Reichtum und Prunk sind nicht von Dauer, sie erleichtern ihm allerdings den Weg. Doch kein Zweifel, er blickt ja himmelwärts. Gucken Sie mal hier – und da – und dort, die Narben auf seinem Rücken! Das Leben hat ihm so manche Schmarre zugefügt, trotzdem schreitet er immer tapfer voran."

Egons Frau hatte den Dunkelmann schon dreimal umrundet, jetzt forderte sie die anderen auf: „Sehen Sie mal von der anderen Seite durch die Tür! Das Wechselspiel von Licht und Schatten! Die düstere Seite ist gar nicht da, wo wir vermuten. Diese Skulptur ist sehr vielschichtig."
„Ich weiß nicht, Ursel, ich find ihn trotzdem hässlich. Schau nur mal in seine leeren Augen!"
„Tja, Egon, so geht es mir mit dir auch immer. Ich schaue dir in die Augen, gucke, gucke, sehe, ist Licht an, aber ist keiner zu Hause!"
Die Gruppe brach in herzliches Gelächter aus. Egon und seine Ursel unterhielten die halbe Fußgängerzone. Der Herr mit dem Namen Egon sprach ein Schlusswort:
„Na, ich bin ja ein gutmütiger Mensch. Da sich hier schon jeder auf meine Kosten amüsiert, kann ich Sie auch alle auf einen Kaffee einladen. Es erfordert Mut, sich mit wildfremden Menschen über solche Dinge zu unterhalten, da ist es wichtig, dass wir den Humor behalten. Kommen Sie, ich lade Sie ein."
Tatsächlich fanden Egon und Ursel und zwei weitere Paare einen Tisch im benachbarten Straßencafé.
Wenn Jean Ipousteguy das hätte erleben können, dachte Xenia. Schmunzelnd zog sie sich zurück. Feierabend!

Karin Sohnemann

La douce rose est ma vie – Die süße Rose ist mein Leben

Es war das Jahr 2004, die Stechbahn, Celles älteste Prachtstraße, wurde saniert. Ausgehend vom Schlossplatz zieht sich die Stechbahn vorbei an der Kirche St. Marien bis zum Alten Rathaus. Die Bezeichnung Stechbahn ist hervorgegangen aus dem Wort Stekkelbahn. In der Zeit der Ritterturniere war hier der Austragungsort für das Lanzenstechen. Bis 1826 befand sich zwischen dem ehemaligen Turnierplatz und der Kirche der Friedhof unserer Stadt. Als er nicht mehr genug Raum bot, wurde er entweiht. Das schöne Tor aber wurde das Portal einer anderen Begräbnisstätte. Die Grabgewölbe hoher Herrschaften ließ man zunächst unangetastet. Das Amt für Bau- und Kunstpflege des Kirchenkreisamtes besitzt durchaus Skizzen und Aufzeichnungen darüber, wer wann und wohin umgebettet wurde. Und doch gab es keinerlei Hinweise auf die Kammer, die die Bauarbeiter freilegten, als sie im Jahre 2004 das Straßenpflaster zur Sanierung der Stechbahn aufbrachen.
Jede Epoche hat ihre eigenen Begräbnisrituale. Was uns heute morbide und gruselig erscheint, war in vergangenen Zeiten durchaus üblich. Jeder, der reich genug war, trachtete danach, möglichst in Altarnähe direkt unter dem Kirchenraum bestattet zu werden. Maiglöckchenaroma schwebte daher nicht in den Kirchenräumen! Ohnmachtsanfälle im Gottesdienst wollte man nicht riskieren, so wurden manche Grüfte mit Sand verfüllt und die Gebeine auf dem Hehlentor Friedhof neu bestattet. Andere Totenkammern wurden nach außen vor die Kirchenmauer verlegt.
Nah bei der Außenmauer der Kirche entdeckte man besagten Hohlraum. Stufen führten hinab in ein Gewölbe, das direkt unter die Petershalle der Marienkirche reichte. Seltsam erschien,

dass es keinen Zugang gab, der aus dem Innenraum der Kirche hinabgeführt hätte. War diese Gruft schon einmal verlegt worden? Nun mussten die Bauarbeiten ruhen.
Pressevertreter und Historiker, Mitarbeiter des Kirchenamtes und der Bürgermeister tappten in die dunkle Tiefe. Über die so lang verborgenen Stufen hallten ihre Schritte, ihre Augen hatten Mühe, sich der Dunkelheit anzupassen. Nein, keine Fackeln! Im Strahl profaner Taschenlampen zeigten sich Splitter von Knochen und morsche Holzstücke. Das Expertenteam war sich sicher: Dies waren die Überbleibsel verschiedener Särge. Dazu gehörten zwei völlig intakte Zinksärge und die konnte man genau zuordnen. Einer mochte dem ehemaligen Kanzler der herzoglichen Residenz Sinold Schütz gehören. Der zweite Sarg, er war mit kunstvollen Malereien geschmückt, stellte niemanden vor ein Rätsel; denn die Jahreszahl 1715 sowie ein Familienwappen und der Name Agnese Elisabeth Breiger prangten darauf. Diese Dame war die Tochter eines ehemaligen Ratsherrn und die zweite Ehefrau des Hofagenten Francesco Maria Capellini, genannt Stechinelli.
Zur Zeit unseres letzten Herzogs verkehrte Familie Breiger in den allerhöchsten Kreisen. Ihr Wappen zeigt eine Rose. Dieses Wappen, wie auch das des Francesco Maria Capellini, befindet sich auf den Brüstungsplatten eines Brunnens, der einst vor einem Stadtpalais stand, später jedoch versetzt wurde. Heute finden wir ihn im Hof der Landesritterschaft. Die Darstellungen auf den Reliefplatten des Brunnens erzählen die Lebensgeschichte, wie auch die Liebesdramen des Stechinelli. Wir finden dort das Wappen der Familie Capellini, es zeigt die Glücksgöttin Fortuna als Bekrönung, darüber einen Hut, ganz so, wie es das italienische Wort für Hut, „Capellini“, nahelegt. Unter dem rosengeschmückten Familienwappen der Agnese Breiger steht

auf einem Spruchband: „La douce rose est ma vie“ – Die süße Rose ist mein Leben.
Nicht wahr, da entringt sich unserer Brust ein Seufzer! Das klingt nach Rosamunde Pilcher. Aber diese Episode schrieb das wahre Leben. Der Aufsteiger Stechinelli und die Tochter des Ratsherrn, das war eine romantische Verstrickung, die dem Hofklatsch Nahrung bot.
Agnese Elisabeth wird erlauben, dass wir zurückschauen. Ihr Gemahl, Francesco Maria Capellini, genannt Stechinelli, war ein Flattergeist, der es zum Geldsack brachte. Ein bunter Vogel, der Handelsagent, Immobilienmakler, Generalerbpostmeister und, last but not least, Geheimdienstler des Celler Heideherzogs wurde. Stechinelli, das bedeutet im Italienischen „Stöckchen, Zahnstocher“. Wie auch immer er zu diesem Spitznamen gekommen war – vielleicht hatte er Zahnprobleme oder seine Beine waren dünn wie Zahnstocher –, jedenfalls nahm er selbst den „Stechinell“ gern in sein Namenskürzel auf. 1640 wurde er in Rimini geboren und traf als Junge den Welfenprinzen Georg Wilhelm. Der war beeindruckt von Francescos Witz und Pfiffigkeit. Er nahm ihn mit nach Norddeutschland, sorgte für Stechinellis Erziehung und Ausbildung und nahm ihn in höfische Dienste. Damit ermöglichte er dem Schützling eine beispiellose Karriere.
Die Familie Capellini stammte aus dem italienischen Adel, ob verarmt oder wohlhabend, das sei dahingestellt. Der Legende nach hat ihn der Herzog aus Mitleid aufgenommen, da Francesco ein „rechter Bettelbube“ gewesen sei. Es steht in Diskrepanz zu dem, was sein weiteres Leben ausmachte. Sogar die höfische Gesellschaft spottete über seinen Hang zu Tand und Luxus. Understatement war seine Sache nicht.
1675 heirateten Agnese Elisabeth und Stechinelli im Beisein der herzoglichen Familie. Zu diesem Zeitpunkt hatte das Paar

bereits ein gemeinsames Kind. Die süße Rose trug dennoch einen Jungfernkranz. Emporkömmlinge! Arme Agnese. Eine Affäre mit einem verheirateten Mann, noch dazu mit einer so hoch gestellten Persönlichkeit! Ob sich ihr Vater, Ratsherr Breiger, trotzdem über das Enkelkind freute?

Nun, zu dieser Zeit war Francesco Hofagent. Er importierte exotische Pflanzen für das Pommeranzenhaus, vermittelte südländische Künstler und Handwerker an den Celler Hof, besorgte den Herren Wein und den Damen Pfauenfedern und Brüsseler Spitze. Er besaß das Alleinverkaufsrecht für ausländische Tuche. Als Generalerbpostmeister betrieb er sechs Relaisstationen und verkaufte sein Postwesen nach vier Jahren an Franz Ernst von Platen. Selbstverständlich war er raffiniert genug, sich trotzdem die Einkünfte aus einigen dieser Relaisstationen zu sichern. Er galt schon zu Lebzeiten als größter Finanzmagnat

Die Familiengruft mit dem Sarg der Agnese Elisabeth Breiger.

des Landes. Er kaufte und verkaufte. Dieser Großkapitalist war dermaßen wohlhabend, dass er den Welfenherzögen in Celle und Hannover mehrmals Darlehen gewähren konnte.
Stechinelli wurde der wichtigste Repräsentant des Welfenhauses. In geheimer Mission wurde er nach London, Paris, Venedig geschickt. Es gehörte auch zu seinen Aufgaben, für Herzog Georg Wilhelm Staatsbesuche zu organisieren. Für die Zusammenkünfte mit internationalen Diplomaten stellte Francesco durchaus sein Stadtpalais in Celle, aber auch sein Landgut in Wieckenberg zur Verfügung. Dieses Landgut war nicht nur Dreh- und Angelpunkt der Familie. Nach Dorf Wieckenberg wurde Francesco Maria Capellini 1688 zum Grafen von Wickenburg ernannt. Kaiser Leopold II. erwies ihm diese Ehre. Leider existiert heute nur noch das Tor des alten Herrenhauses in Wieckenberg.
Einst spazierten die hohen Gäste durch die mit spitzen Türmchen begrenzte Pforte und erreichten einen kunstvoll gestalteten Barockgarten, der mit Skulpturen geschmückt war. Ställe und Wagenremisen, eine Scheune und nicht zuletzt eine eigene Kapelle gehörten zum Landgut. Allein diese Kapelle, 1662 erbaut, ist für die Nachwelt erhalten geblieben. Arkaden unter dem Vordach und eine wunderschön gestaltete Holzdecke im Inneren lassen das Gepränge des ehemaligen Gutshofes nur erahnen. Dort – und im Stadtpalais in Celle – stellen wir uns Agnese als Gastgeberin vor. Ihre Haushaltung strahlte Eleganz und Exklusivität aus.
Als Stechinelli starb, hinterließ er 13 Kinder aus zwei Ehen. Der älteste Sohn aus der Verbindung mit Agnese wurde sein Haupterbe. Agnese überlebte den Hofagenten um einundzwanzig Jahre.
Nach sorgfältiger Prüfung des Fundortes und gewissenhafter Aufzeichnung wurde das Grabgewölbe 2004 mit einer Platte verschlossen, blieb ansonsten aber unangetastet. So haben unsere Nachfahren Gelegenheit, einmal weiterzuforschen.

Francesco fand sein Grab übrigens nicht neben der Gemahlin. Da er katholisch war, wurde er in Hildesheim bestattet. Agnese ruht nah an der Kirchenmauer, mit Blick auf den Wochenmarkt und die herumstreifenden Touristen. Aus der Kirche klingen Orgeltöne. Die Fontänen in unmittelbarer Nähe steigen auf und versiegen, steigen auf, funkelnd spritzig, ein ewiges Aufblühen und Vergehen. Der Ort ist wahrlich angemessen für die süße Rose des Francesco Stechinelli.

Karin Sohnemann

Nickel List – Erzdieb, Schankwirt, Scharlatan

Zu viert saßen sie auf der Wiese am Südhang des Schlossberges, Pia und Jonas, Hardy und Stine. Sie hörten Musik und ließen den Schultag Revue passieren. Für die kommenden zwei Wochen waren fachübergreifende Projekttage angekündigt.
Hardy blickte sinnierend auf einen der dicken Schlosstürme: „Sag mal, früher gab es doch sicher einen Kerker unter einem der Türme, oder?“ Stine wusste zumindest, dass es exakt hier, wo sie saßen, einmal eine Bastion gab. Im Erdkeller unter der Bastion hielt man im 17. Jahrhundert eine Diebesbande gefangen. Stine warf den Namen Nickel List in die Runde, Hardy solle es selbst nachlesen, es sei eine sehr grausame Geschichte. Hardy zückte sofort sein Smartphone und stöberte im Netz. Pia ließ ihm keine Gelegenheit, das Ergebnis seiner Bemühung kundzutun: „Wir haben jetzt Wochenende und nicht Geschichtskurs!“ Sie erörterten eine Weile ihre Ideen für das Schulprojekt. Es kam nichts Rechtes dabei heraus, so verabschiedeten sich Pia und Jonas bald.

Hardy hatte plötzlich einen Geistesblitz. Sie könnten die Story rund um diesen Nickel List zu ihrem Projekt machen. Stine gefiel der Gedanke. Gemeinsam kämpften sie sich durch die Stadtbücherei und das Residenzmuseum, holten sich Information über das Internet. Schließlich war ihr Hefter zwanzig Seiten stark. Viel zu viel. Weder ihre Mitschüler noch die Lehrer hätten die Geduld, ihren weitschweifigen Ausführungen zu folgen.
Stine sprach ihren Gedanken laut aus: „... mit der Handykamera! Wir machen ein Video über die Recherche. Die Informationen bereiten wir als eine Art Reportage mit Interview auf." Gesagt, getan. Sie filmten auf dem Weg zur Stadtbibliothek nur ihre Füße und Beine, wie sie über das Straßenpflaster eilten. Kameraschwenk auf die Fassade der Bibliothek, Bücherstapel vor der Linse. Jetzt sah man Geschichtsprofessor Hardy History im Interview mit Reporterin Christine Friesekötter.
„Herr Professor, Sie sagen, im 17. Jahrhundert ließ der Celler Herzog eine Verbrecherbande mit internationalem Haftbefehl suchen. Können Sie uns mehr über diesen größten Kriminalfall der Barockzeit berichten?"
„Ja, es ging um die Bande rund um Nickel List. Man legte diesen Mordbrennern Raubzüge in Celle, Magdeburg, Braunschweig zur Last. Wertgegenstände, die gut unter Verschluss lagerten, hatten den Besitzer gewechselt und das, obwohl Silbergeschirr, kostbare Tuche und Schmuck schwer bewacht wurden."
„Herr Professor, erklären Sie unseren Zuschauern, wie die Ganoven die Wächter überlistet haben!"
„Tatsächlich fragte man sich das damals auch. Ebenso geheimnisvoll erschien es dem Volke, wie es Nickel List gelingen konnte, die kompliziertesten Schließmechanismen zu knacken. So wurde ein Mythos um diese Verbrecher aufgebaut. Nach ihrer Verhaftung und erst unter der schlimmsten Tortur gestanden die

Ganoven, dass sie die Wächter mit dem Saft des Stechapfels Datura betäubt hätten. Der Raub der Güldenen Tafel von Sankt Michael in Lüneburg brachte das Ganovenkartell schließlich zu Fall."

„Äh, Herr Professor, ‚Die Güldene Tafel', was war das?"

„Die Güldene Tafel, das war ein Klappaltar mit Reliquienschrein, eine Art Schrankregal. Er befand sich in der Kirche des Klosters Sankt Michaelis. Die Türchen, teilweise mit Goldblech belegt, verbargen unfassbar kostbare Dinge, jedenfalls nach damaliger Anschauung. Fingerknochen oder Blutstropfen von Heiligen, die man in Glasröhrchen oder in Kästchen, geschmückt mit Edelsteinen, gefüllt hatte; Straußeneier, die mit Silber- und Golddraht eingefasst waren. Manche dieser Objekte stammten sogar aus der Zeit Heinrichs des Löwen. Die Ritter hatten sie von ihren Kreuzzügen mit nach Europa gebracht. Dieser Schrein galt damals als das Wertvollste, was unser Herzogtum zu bieten hat. Der Kopf der Gangsterbande nannte sich Freiherr von der Mosel und gab sich als Doktor aus. Elegant ausstaffiert, in Begleitung einiger Reiter, fuhr er mit zwei Kutschen nach Lüneburg hinein. Sie nahmen Quartier in den teuersten Gasthäusern."

„Herr Professor, Sie wollen damit sagen, der Freiherr von der Mosel sei in Wirklichkeit der legendäre Nickel List gewesen?"

„So ist es. Freiherr von der Mosel wurde stets begleitet von einer Frau von Sien, der man nachsagte, sie stamme aus holsteinischem Adel. Der Altar befand sich hinter einem verschlossenen Gittertor in der Kirche des Michaelisklosters. Der Küster war beeindruckt von der Freundlichkeit und dem guten Benehmen der Besucher. Hoch gebildet und kunstinteressiert erschien der Herr von der Mosel, da war der Küster gern bereit, seinen Gästen auch das Tor aufzusperren."

„Und bei der Gelegenheit konnte es dem Spitzbuben gelingen, einen Abdruck des Schlüssels zu machen?“

„So mag es gewesen sein.“

„Herr Professor, was weiß man über den Werdegang des Möchtegerndoktors Nickel List alias Freiherr von der Mosel?“

„Er wuchs in ärmlichsten Verhältnissen auf, hat aber immerhin die Schule besucht. Hochintelligent wie er war, war es ihm nicht genug, Lesen und Schreiben zu lernen. Er beschäftigte sich mit Schmiedekunst und Schlosserei. Er las alles über die Heilkunst, was es zu lesen gab, studierte gar den Paracelsus. Er kannte sich in der Medizin und in der Chemie aus. Als Kürassier war er wohlgelitten, denn Nickel List kurierte die Soldaten und half zugleich ihren Pferden. Die Armee verlassen, das ging nur, indem man sich freikaufte. Man forderte zwei Pferde und einen hohen Geldbetrag von ihm. Auf legalem Wege war das nicht zu erwirtschaften. Er machte sich trotzdem davon. Eine ruhige, bürgerliche Existenz schien in Aussicht. Er heiratete und betrieb alsbald ein Wirtshaus.“

„Er muss eine beeindruckende Persönlichkeit gewesen sein. Wie geriet er unter Diebe und Mörder?“

„Die erste Frau starb bei der Geburt ihrer Tochter. Er heiratete ein zweites Mal, hatte fünf Kinder. Es ist schwer zu sagen, wann er zum ersten Mal straffällig wurde; denn aus Nickels Zeit vor den üblen Verbrechen gibt es kaum glaubwürdige Berichte. Sicher ist, sein Lokal wurde mehrfach überfallen, dadurch stand er vor dem Ruin. Verzweiflung oder weitere Repressalien trieben ihn dazu, sich seinerseits durch krumme Geschäfte zu sanieren. Als seine Frau einem weiteren Angriff zum Opfer fiel, machte Nickel mit anderen Spitzbuben gemeinsame Sache. Am Ende hatte er selbst zwei Menschen auf dem Gewissen.“

„Das ist tragisch! Und was geschah nach dem Kirchenraub in Lüneburg?“

Darstellung der Hinrichtung von Nickel List und seiner Bande.

„Die Diebe hatten etwas vom geraubten Goldblech des Altars im Gasthofe vergessen. So kam man ihnen auf die Spur. Es hat Monate gedauert, alle Mitglieder der Bande nach Celle zu überführen und jeden Einzelnen der peinlichen Befragung zu unterziehen. Am Ende kam heraus, dass es ein Verbrechersyndikat war, das in einer Art Parallelwelt agierte. Sie hatten ihre Fäden in ganz Norddeutschland gespannt. Sie betrieben eigene Gasthäuser, mieteten Häuser als Treffpunkt oder Unterschlupf an. Sie bedienten sich geheimer Zeichen, um ihre Kontakte zu pflegen. Es war eine Art Mafia.

Herzog Georg Wilhelm hatte allen Grund, hart durchzugreifen. Am 23. Mai 1699 kam es zu einer Massenhinrichtung auf dem Galgenberg. Der Erzdieb Nickel List alias Freiherr von der Mosel und elf weitere Verbrecher wurden vom Leben zum Tode befördert. Die Verhöre hatten zutage gebracht, dass die dunklen Gestalten ihren Bandenchef häufiger um seinen Anteil betrogen hatten. Man hatte ihn ausgenutzt. Nickels Kenntnisse über die Verwendung der Giftpflanzen, sein Talent als Schlosser, das kam ihnen ja gelegen. Nach blutigen Überfällen war es List, der

den Komplizen medizinische Hilfe leistete. Aber auch er fand keine Gnade."
Wieder dokumentierten Christine und Hardy ihren Weg durch die Stadt. Sie filmten das Straßenschild, auf dem „Galgenberg" stand. Einige Reihenhäuser erscheinen im Bild. Sie filmten den herankommenden Stadtbus. Befragung während der Rückfahrt in die Innenstadt:
„Und das Ganovenliebchen, Frau von Sien?"
„Man konnte sie niemals ergreifen. Sie blieb auf freiem Fuß. Genauso blieb der Großteil der Beute verschwunden."
„Wie muss man sich diese Hinrichtung vorstellen, Herr Professor?"
„Grausam genug, glauben Sie mir! Bitte begleiten Sie mich in das Museum."
Die Kamera erfasst laufende Füße, wandert den Schlossberg hinauf. Schwenk auf die Fassade des Residenzmuseums. Dann erscheint auf dem Bildschirm die vermeintliche Journalistin Christine Friesekötter. Sie spricht in ein Mikrofon:
„Meine Damen und Herren, hier, etwa am Südhang des Schlossberges, befand sich der Keller, in dem die Bande des Nickel List auf ihr Gerichtsurteil warten musste. Alle waren in Ketten gelegt und wurden schwer bewacht. Im Residenzmuseum Celler Schloss finden wir diese grausame Darstellung. Ein Celler Maler hat die Hinrichtungsstätte im Bild festgehalten. Professor, möchten Sie ein paar abschließende Worte sagen?"
„Das damalige Strafgesetzbuch, die Carolina, bestimmte die jeweilige Art der Vollstreckung. Immerhin noch bis 1828 hieß es für Giftmischer und Mörder: Gliedmaßen mit eisernen Keulen von unten herauf zerschlagen, Körper auf das Rad flechten, Kopf auf den Pfahl spießen. Die Ehrlosigkeit jüdischer Hehler wurde unterstrichen, indem man sie zusammen mit einem Hund aufknüpfte."

„Professor Hardy, herzlichen Dank für ihre Ausführungen. Liebe Zuschauer, Sie sehen, die Menschen thematisierten den Begriff Chancengleichheit nicht, von offenem Vollzug und Rehabilitationsmaßnahmen war nicht die Rede. Es wurde nicht unterschieden zwischen Mord und Totschlag."

Stine und Hardy wurden für ihre Reportage sehr gelobt, beleuchtete sie doch eine reale Begebenheit der Stadtgeschichte.

Karin Sohnemann

Sagenhaftes – Fakten – Unerklärliches

Es gibt seit Jahrhunderten unterirdische Gänge am Celler Schloss. Gesehen hat sie bisher kaum jemand, deshalb sind sie geheim. Vielleicht sind ja noch nicht alle entdeckt worden. Man weiß, dass die Gänge recht kurz sind, da sie vor langer Zeit entweder zugemauert wurden oder an Erdaufschüttungen enden.

Der Sage nach soll ein Gang bis zum Kloster Wienhausen geführt haben. Im Mittelalter, lange Zeit vor dem Umbau der Burg in Celle zu einem Schloss, gab es im Wehrturm ein düsteres Verlies, in dem die Gefangenen untergebracht waren. Ein zum Tode verurteilter Verbrecher bekam vom Herzog eine Begnadigung in Aussicht gestellt, wenn es ihm gelingen würde, den unterirdischen Weg zum zirka 12 Kilometer entfernten Kloster zu finden. Ausgestattet mit einer Trommel, einer Laterne und einer auf den Rücken gebundenen Glocke stieg er in den Keller. Er fand den versteckten Eingang zum geheimnisvollen Gang und machte sich auf den Weg. Der Kerzenschein aus der Laterne reichte lediglich bis zum Ende der Trommelstöcke, vor dem armen Sünder lag die Finsternis. Oberirdisch folgte ein Bewacher

Die Ostseite des Schlosses mit Kapelle.

den Klängen der Trommel und der Glocke. Als Besagter nur noch einen Schritt von der Aller entfernt war, hörte er aus der Tiefe einen gellenden Schrei. Das Trommeln und Klingen endete abrupt. Was war passiert? Man hatte es nie erfahren. Der Gefangene wurde niemals wiedergesehen. Der dunkle Gang nach Wienhausen wurde auch in späteren Jahren nicht gefunden.

Im Jahr 1956 wurde an der Südseite des Schlosses ein Gangsystem freigelegt. Nachforschungen im Stadtarchiv ergaben, dass es sich nicht, wie zuerst angenommen, um eine völlig unbekannte Anlage handelte. 1905 war diese Stelle schon einmal aufgebrochen worden, um ein Kanalisationsrohr zu verlegen. Damalige Handwerker brachten auf einem Stein die Jahreszahl 1905 an. Die zwei Jahre zuvor gefertigten Pläne des Gangkomplexes stimmten indes nicht mit den 1956 vorgefundenen Gegebenheiten überein. Mysteriös! Lag eine fehlerhafte Vermessung vor? Im weiteren Umfeld fanden Grabungsschnitte statt. Dabei wurden alte Zugänge zu diesem Gangsystem gefunden. Somit gab es früher die Möglichkeit, von weiter außerhalb unterirdisch ins Schloss zu gelangen. Wer hatte das wohl genutzt? Zudem fand sich ein weiterer Gang in ca. 1,5 Meter Tiefe, der von der Kapelle in Richtung Osten führte. Den Gang mit einem Gewölbe konnte man lediglich zwei Meter begehen, ab da war er zugeschüttet worden. Eine Untersuchung ergab, dass die gefundenen Gewölbe vornehmlich im 16. Jahrhundert errichtet worden waren. Davon zeuge die Bauweise mit Backsteinen im Klostersteinformat.

Ob es sich um Flucht- oder Wehrgänge handelte, ist nicht bewiesen. Die Celler Herzöge verwendeten diese Tunnel später zum Bau eines Abwassersystems und waren damit im Bereich Hygiene ihrer Zeit weit voraus.

Kindern erzählt man vom kleinen Gespenst Georg, das im Keller unter der Schlosskapelle wohnt. Es stellt sich die Frage, ob es in dem in Teilen über 700 Jahre alten Gemäuer wirklich ein Gespenst gibt. Die Bewohner der vergangenen Jahrhunderte kann man dazu leider nicht mehr befragen. Aber es gibt Zeitzeugen, die Unheimliches zu berichten wissen. Diese Fälle haben sich in den vergangenen Jahrzehnten zugetragen, alle im Bereich des Süd- und Ostflügels. Ob es einen Zusammenhang mit dem Tod eines ehemaligen Bewohners im Südflügel gibt? Wer weiß das schon ... Es muss auf jeden Fall dunkel sein. Ansonsten passiert „es" nicht.

Bis Mitte der 1980er-Jahre hatte das Oberlandesgericht Räumlichkeiten im Celler Schloss. Die dazugehörige Hausmeisterwohnung befand sich in dem damals in viele Räume unterteilten Rittersaal im Ostflügel. War der Hausmeister auf einem mehrtägigen Lehrgang, hatten seine Angehörigen unruhige Nächte. In der Dunkelheit der Nacht knisterte und knackte es unheimlich im Gebälk.

Ende der 90er-Jahre säuberte eine Reinigungskraft ein Büro im Südflügel. Es war Winter, früh am Tag, draußen und auf dem Flur war es finster. Plötzlich hörte sie jemanden mit dunkler Stimme und in die Länge gezogenen Worten rufen: „Güli, was machst du?", und dann noch einmal: „Güli, was machst du?" Als sie später beim Hausmeister den Reinigungsschlüsselbund abgab, schimpfte sie diesen heftig aus. Er solle so etwas nie wieder mit ihr machen, denn mit dem Rufen hätte er sie zu Tode erschreckt. Der Hausmeister war zur besagten Zeit in einem ganz anderen Teil des Schlosses tätig. Andere männliche Personen befanden sich nicht im Gebäude. Die Reinigungskraft weigerte sich fortan, auf dieser Etage zu putzen.

Im Jahr 2002 begleitete eine Angestellte den Hausmeister beim abendlichen Schließdienst. Er schaltete alle Lampen des Rittersaals aus. Plötzlich hörten beide ganz deutlich Geräusche. Sie kamen von der über ihnen liegenden Etage. Sie klangen wie trippelnde, hüpfende Schritte, eindeutig einem kleineren Kind zuzuordnen, das am Rande des gesamten Raumes entlanglief. Der Hausmeister hatte diese Museumsräume mit einer Ausstellung über die dänische Königin Caroline Mathilde ord-

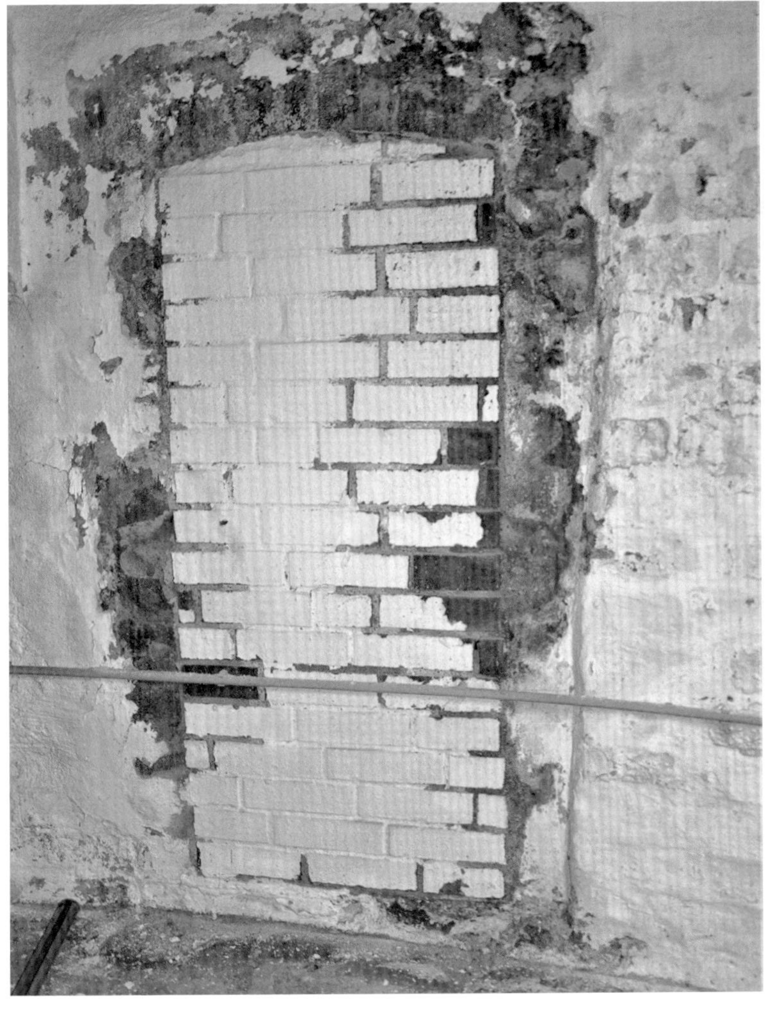

Ein ehemaliger Zugang im Keller unter der Kapelle.

nungsgemäß durchlaufen, die Lichter gelöscht und die Türen verschlossen. Es konnte kein Besucher mehr in den Räumen sein. Schnellen Schrittes eilte er zum erneuten Nachschauen nach oben. Seine Begleitung blieb im Rittersaal. Das Geräusch des laufenden Kindes endete abrupt, als der Hausmeister die Stufen hinaufstieg. Es war niemand in den Räumen der Königin zu finden.

Caroline Mathilde zog 1772 in das Schloss ein, nachdem sie wegen Ehebruchs geschieden worden war. Die beiden gemeinsamen Kinder blieben bei ihrem ehemaligen Gatten, Christian VII., in Dänemark. In Celle adoptierte die „verwaiste" Mutter das vierjährige Waisenmädchen Sophie von Benningsen und verwöhnte es sehr. Die junge Königin starb nach einem nur dreijährigen Aufenthalt im Celler Schloss mit gerade einmal 23 Jahren. Waren es Sophies Schritte, die gehört wurden? Es steht auf jeden Fall fest, dass es kein Marder war, wie später einige Mitarbeiter amüsiert vermuteten.

Von weiteren unerklärlichen Vorkommnissen weiß ein weiterer Hausmeister des Schlosses zu berichten. Im Jahr 2005 begann er seine Tätigkeit mit einer Einweisung. Der ältere Kollege berichtete ihm, dass es ab und zu Merkwürdigkeiten geben würde. Er selber hätte bei einem Frühdienst in der militärgeschichtlichen Abteilung des Museums, die sich im dritten Obergeschoss des Ostflügels befand, Schritte vom darüber liegenden Dachboden gehört. Er schaute nach, konnte aber nichts entdecken. Es gibt in allen vier Flügeln des Schlosses einen Zugang zum Dachboden. Zur besagten Zeit befand sich aber bis auf die Reinigungskräfte niemand im Gebäude. Ein weiterer Kollege hätte ein einziges Mal eine unnatürliche Spiegelung von „Augen" in einer Vitrine erlebt. Sie gehörten zu einer Büste, die in einer Nische hinter der Vitrine stand.

Da der langjährige Hausmeister ohne jegliche Emotionen über diese Ereignisse sprach, amüsierte sich der Neue lediglich über diese Geschichten. Ein Jahr später hatte er auf einem Samstag Frühdienst und ging durch die erwähnte Abteilung. Zum Schutz der Uniformen gab es in dieser Ausstellung nur eine spärliche Beleuchtung. Plötzlich hörte auch er über sich schwerfällige und laut aufgestampfte Schritte. Dieses Ereignis kam so unverhofft und war so real, dass ihm das Herz heftig klopfte. Von dieser Abteilung aus führte über einen kleinen Flur eine Treppe hinauf zum Dachboden. Entschlossen stieg er nach oben, öffnete die Tür und rief „Wer ist da?“. Aus der Dunkelheit kam keine Antwort. Die darauffolgende Suche blieb erfolglos. Die Hausmeister haben sich mittlerweile damit arrangiert, dass es Unerklärliches gibt.

Für viele andere birgt das Schloss keine Geheimnisse. Die Bau- und Familiengeschichte ist fachlich aufgearbeitet und dokumentiert. Jeder Winkel des Bauwerkes ist auf Plänen erfasst. Es stellt sich nun die Frage, ob der klare Menschenverstand Vorkommnisse akzeptieren kann, die jeder Logik entbehren. Kann es sein, dass über den unterirdischen Gang eine Verbindung entsteht, eine Art Kontaktaufnahme zwischen der Vergangenheit und der Gegenwart? Darauf gibt es keine Antwort.

Heike Bloom

Verhängnis oder Zuflucht? „Fremde“ in Celle

Sich aufmachen zu neuen Ufern, neue Orte entdecken, das klingt verlockend und nach Abenteuer. Doch fast immer waren es wirtschaftliche Not, politische oder religiöse Verfolgung oder Kriege und Seuchen, die die Menschen veranlassten, ihre Heimat zu verlassen. Über die Jahrhunderte schwankte die Einwohnerzahl in den Städten erheblich. Ganz besonders gilt das für Celle. Und so wie auch an anderen Orten wurden Fremde hier nicht immer gern gesehen.

Eine erste Abwanderung erlebte unsere Stadt mit der Reformation. Der Herrscher selbst, Ernst der Bekenner, war bereits 1521 ein Anhänger Martin Luthers. Drei Jahre später war der neue Glaube in unserer Stadt etabliert. Der Augsburger Religionsfrieden von 1555 besagte: cuius regio, eius religio. Der Glaube des Landesherrn bestimmte die Religionszugehörigkeit der Untertanen. Die Klöster wurden aufgelöst. Viele Katholiken verließen Celle. Altgläubige, die blieben, sollten sich nicht erdreisten, eine katholische Messe abzuhalten!

Die herrschaftliche Unduldsamkeit in Religionsfragen fand mit unserem letzten Herzog Georg Wilhelm von Braunschweig Lüneburg ein vorläufiges Ende. Zumindest eine eingeschränkte Toleranz wurde gelebt. Der Barockfürst brachte südländisches Flair in seine Residenz. Italienische Architekten und Stuckateure verschönerten das Schloss und die Kirche St. Marien. Schauspieler und Musiker aus dem sonnigen Süden prägten die kulturelle Szene und die französische Lebensart fand ihren Einzug.

Auf diese Weise etablierte sich eine neue katholische Gemeinschaft. Einen Verbündeten fanden die Katholiken in dem illegitimen Sohn des Herzogs. Lucca Bucco stammte aus einer venezianischen Romanze und die Mutter hatte ihn katholisch erzogen. Der Herzog holte den Sohn nach Celle und machte ihn zum Obristen und Oberstallmeister. In dessen Stadtpalais fanden die katholischen Messen zunächst im Verborgenen statt, wurden jedoch stillschweigend vom Vater geduldet. Die so entstandene katholische Gemeinde bekam schließlich ein eigenes Gotteshaus. Die spätere Gemahlin des Herzogs spendete großzügig, befand sie selbst sich doch in Glaubensdingen auf fremdem Terrain.

Eleonore Desmiers d`Olbreuse (1639–1722) war Hugenottin aus französischem Landadel. Somit war auch ihre Familie betroffen als Ludwig XIV. das Edikt von Nantes aufhob und Protestanten und Calvinisten ausgrenzte. In Frankreich wurden Dörfer niedergebrannt, Temple (Kirchen) verwüstet und ganze Familienverbände gemeuchelt.

Die Verbindung zwischen Eleonore d`Olbreuse und Georg Wilhelm bescherte Celle die bis dahin größte Migrationswelle. Er war der erste Fürst Europas, der mit einem Toleranzedikt den Refugeés Aufnahme gewährte. Fünfhundert Hugenotten fanden ein neues Zuhause in Celle. Angehörige und Freunde der Familien d`Olbreuse und Desmiers wurden direkt in höfische Dienste genommen. 50 dienten dem Herzog im Range hoher Offiziere, allein 12 Ehrendamen bei Hofe stammten aus jenen Kreisen. Die Hugenotten brachten elegante Künste und Handwerke nach Celle, wurden von den Einheimischen aber zunächst als „Nahrungsstörer“ betrachtet. Gilden und Zünfte fürchteten um ihre Rechte. Kultur und Wirtschaft aber wurden durch die Zuwanderer befördert.

Die Franzosen machten schließlich zehn Prozent der Stadtbevölkerung aus. Wie den Katholiken gestattete der Herzog auch den Hugenotten, ihre Gottesdienste abzuhalten. Man traf sich im Schloss, in den Privaträumen der Herzogin Eleonore. Im Jahre 1700 gelang es der Herzogin, mithilfe von Spenden einen „Temple“ zu errichten. Heute feiert die evangelisch reformierte Kirche darin ihre Gottesdienste, eine französische Gemeinde gibt es nicht mehr in Celle.

In dieselbe Zeit fallen erste Auseinandersetzungen der Stadtbevölkerung mit ortsansässigen Juden. Es waren wirtschaftliche Interessen, die den Herzog schließlich Ende des 17. Jahrhunderts veranlassten, Schutzbriefe für fünf jüdische Mitbürger auszustellen. In dieser Phase kam es zur Gründung einer jüdischen Gemeinde. Herzog Georg Wilhelm erlaubte ihnen, im Hinterhaus ihren Glauben zu pflegen. Der nächsten Generation wurde gestattet, eine Synagoge anzulegen.

Im ausgehenden 19. Jahrhundert erlebte der Landkreis Celle mit den Ölfunden bei Wietze und dem Kalibergbau einen enormen Aufschwung. Um den vielen Arbeitskräften Wohnraum zu bieten, entstanden neue Dörfer. Es war ein Strukturwandel auf allen Ebenen, der Auswirkungen auf die Kreisstadt hatte.

Danach haben die beiden Weltkriege Celle und sein Umfeld in nie gekanntem Ausmaß verändert. Zu Beginn des 20. Jahrhunderts lebten etwa zwanzig jüdische Familien in Celle. Die Reichspogromnacht brachte auch in Celle Denunziationen, Plünderungen. Die Synagoge wurde zerstört. Manch Celler Bürger, der als Mitglied der SS zur Tat schritt, konnte sich nach Kriegsende in eine ehrenvolle Position manövrieren. Für mehr als sechzig Personen aus der ehemaligen jüdischen Gemeinde ist klar ermittelt, wohin ihr Weg sie führte. Einige Schicksale jüdischer Bürger aus Celler blieben ungeklärt, von einigen Menschen weiß man sicher, dass sie den Tod im KZ fanden.

Im Mai 1945 befanden sich mehr als 5000 Polen und osteuropäische Juden auf dem Gelände der ehemaligen Heidekaserne auf dem Wildgarten. Es waren Menschen, die den Luftangriff auf einen Gefangenentransport und ein darauf folgendes Pogrom überlebt hatten, es waren ehemalige Zwangsarbeiter aus dem Umland. Man hatte sie unversorgt zurückgelassen. Später wurde der Gebäudekomplex zu einem Camp für Displaced Persons (DPs). Ein weiteres DPs-Camp bestand bis 1950 in Bergen-Belsen. Überlebende des ehemaligen Konzentrationslagers harrten auf eine Zukunftsperspektive. Viele Kinder wurden im Camp geboren. Es dauerte, bis diese heimatlosen Menschen ein neues Ziel in ihrem Leben fanden.

Etwa 500 Menschen jüdischen Glaubens, alle aus dem Camp der ehemaligen Heidekaserne, bildeten den Anfang einer neuen chassidischen Gemeinde in Celle, die bis 1950 bestand. Fast alle Mitglieder sind in die USA ausgewandert. Das Camp wurde 1946 aufgelöst und bot als Kaserne wechselnden britischen Einheiten Quartier.

1,8 Millionen Flüchtlinge sind aus den Ostprovinzen Pommern, Schlesien und Ostpreußen nach Westdeutschland gekommen. Celle nahm 25 000–30 000 Flüchtlinge auf, mehr als jede andere Stadt vergleichbarer Größe in Norddeutschland. Celles Bevölkerung wuchs um 70 %. All diese Menschen brauchten Arbeit und Wohnraum. 1948 lebten im Kreisgebiet 43 000 Vertriebene. In dieser Situation gelang es der einheimischen Bevölkerung nicht immer, Nächstenliebe und Toleranz zu beweisen.

Die jüngste Migrationswelle erlebte Celle in den 80er- und 90er-Jahren des vorangegangenen Jahrhunderts. Die ethisch-religiöse Minderheit der Yeziden ist in verschiedenen Provinzen der Staaten Iran, Syrien, Irak und Türkei beheimatet. Vertrieben durch Krieg und die Bedrohung durch die Terrormiliz des IS, suchten sie einen Ort, um ein Leben in Frieden und religiöser Freiheit führen zu können. In ihrer Heimat waren die Yeziden gezwungen, in größter Abgeschiedenheit zu leben. Dörfer ohne jede Infrastruktur boten keine Möglichkeit für einen Schulbesuch. Besonders die Frauen und Mädchen erlebten bei ihrer Ankunft in Celle einen wahren Kulturschock. Für Analphabeten war die Sprachbarriere schier unüberwindlich. Das Risiko einer Flucht in den Norden Europas auf sich zu nehmen, war das eine, der Wille zur Integration forderte ein weiteres Maß an physischer und psychischer Kraft.

Den Celler Bürgern wiederum erschien die Lebensweise der Yeziden regelrecht bizarr. Die sich abschottende, streng religiöse Gemeinschaft und die patriarchalischen Strukturen erschweren eine Integration in die westliche Welt. 200.000 Yeziden leben in Deutschland. Die yezidische Glaubensgemeinschaft in Celle zählt heute 10.000 Mitglieder. Es ist deutschlandweit die größte yezidische Gemeinde.

Hat Celle aus irgendeiner seiner Migrationswellen etwas gelernt? Haben Menschen jemals aus Kriegen gelernt? Als ein jüngeres positives Beispiel mag eine Notunterkunft für Flüchtlinge im Ortsteil Scheuen dienen. Scheuen war eine Zwischenstation, von hier aus wurden die Menschen weiterverteilt, sie blieben nicht. Das Lager bestand von Anfang 2015 bis Herbst 2016. Die Organisation lag in den Händen des Malteser Hilfsdienstes. Die Zeltstadt war für 5000 Personen angelegt, wurde später um das Doppelte erweitert. Man plante eine Aufnahmekapazität für 10.000 Menschen zu schaffen, da wurde die Balkanroute geschlossen und das Lager nicht mehr benötigt

Die Spendenfreudigkeit und Hilfsbereitschaft der Bevölkerung waren beachtlich. Was dieses Projekt so erfolgreich machte, war die Führung und Schulung der ehrenamtlichen Mitarbeiter. Alle Beteiligten legten größten Wert darauf, nach ethischen Gesichtspunkten zu handeln. In vielen Gesprächen und Seminaren

wurde verdeutlicht, wie sehr Flucht und Emigration den Stolz der Menschen zerbrechen und ihnen die Würde nehmen. Wessen Stolz nie gebrochen wurde, dem ist der Verlust der Menschenwürde fremd. Manchmal fehlt nur Empathie, um Menschen die ihnen gebührende Achtung entgegenzubringen.
Aktuell hat Celle etwa 70.000 Einwohner. Sind wir heute eine weltoffene Stadt?

Karin Sohnemann

Die dunklen Seiten der Kunst

Die Geschichte des „Ersten 24-Stunden-Kunstmuseums der Welt" begann 1998 mit der Registrierung beim Deutschen Marken- und Patentamt in München. Das Konzept ist weltweit einzigartig. Wer vor dem lichten, rechteckigen Glasbau steht, vermutet vielleicht nicht, dass es die Dunkelheit ist, die eine wichtige Rolle spielt. Während am Tag die Ausstellungen im Gebäude zu besichtigen sind, präsentiert sich das Haus in der dunklen Nacht als leuchtender Kubus und lockt mit wechselnden Lichtinstallationen.
In den ersten Jahren wurden Besucher am Bahnhof mit einem Banner empfangen, auf dem für das „Erste 24 – Stunden – Kunst – Museum der Welt" in Celle geworben wurde. Damals passierte es häufig, dass einige Neugierige diese Werbung wortwörtlich nahmen, mit dem Ergebnis, dass sie abends oder nachts vor verschlossener Tür standen, weil sie glaubten, zu nachtschlafender Zeit und ganz in Ruhe Kunst genießen zu können. Das ist auch möglich, aber eben im Außenbereich, in dem außerhalb der regulären Öffnungszeiten „Lichtkunst" präsentiert wird.

Der Kunstsammler Robert Simon stellt für die Ausstellung im Innenbereich zeitgenössische Werke zur Verfügung. Zusätzlich finden wechselnde Sonderausstellungen statt. 1000 qm Ausstellungsfläche mit Plastik, Fotografie, Malerei und Lichtkunst verteilten sich auf drei Etagen. Ein wahrhaft „dunkles" Beispiel sind die Kunstwerke des 2014 verstorbenen Malers und Grafikers Eberhard Schlotter. Der Maler verlor Ende der 50er- und Anfang der 60er-Jahre des vergangenen Jahrhunderts einige ihm nahestehende Personen. Seine Trauer verarbeitete er in seinen Gemälden, und zwar mit der Farbe Schwarz. Ein Teil der Kunstwerke Eberhard Schlotters besteht aus schwarzer und grauer, reliefartiger Mischkunst aus Sand, Bindemitteln und Pigmenten: dunkle Seele – dunkle Bilder. Erstaunlich, denn zu dieser Zeit hielt er sich meist im sonnigen Spanien auf.
Beim Betrachten der Gemälde erhellt sich der Blick (und Geist) des Besuchers, wenn er erkennt, dass schwarze Umrisslinien den Füllfarben enorme Intensität verleihen. Ein schönes Beispiel ist das Gemälde mit Dorothea, der Frau des Künstlers. Dunkel eingerahmt, fällt dem Besucher das intensive Grün ihres Pullovers auf. Ihre markanten, dunklen Augenbrauen bleiben jedem in Erinnerung und haben auf weiteren Werken einen enormen Wiedererkennungswert. Sieht man sonnige spanische Landschaften sind es schwarze Ziegen, die auffallen. Bunte Farben verschwimmen vor dem Auge des Betrachters und erhalten erst durch schwarze Linien ihre Schärfe. Dunkle Konturen erzeugen zudem Räumlichkeit. Folglich ist Schwarz das Salz in der Suppe. Nach der düsteren Phase des Künstlers folgten sehr bunte Jahre und Schaffenskraft bis ins hohe Alter. War Eberhard Schlotter nun dunkel angehaucht oder nicht? Wer weiß! Am Abend vor seinem Tode schwang der 93-Jährige den Pinsel zittrig zu den Klängen seiner Lieblingsmelodie: „Spiel mir das Lied vom Tod."

Der Gast kann sich also tagsüber von den hellen und dunklen Kunstwerken innerhalb des Museums beeindrucken lassen. Und wie sieht das Ganze von außen aus, wenn das Museum um 17:00 Uhr seine Tore schließt? Dem Besucher ist anzuraten, das Museum innerhalb von 24 Stunden mehrmals zu betrachten. Von außen gesehen beeindruckt die Beleuchtung des gläsernen Kubus. Er kann seine Farbe ähnlich wie ein Chamäleon mehrmals rund um die Uhr verändern. Zu verdanken ist das der Künstlerin Regine Schumann mit ihrem Kunstwerk „Leuchtstoff". Durchgefärbte Materialien und fluoreszierende Pigmente bilden die Grundlage des Leuchtens. Licht wird gesammelt und reflektiert. Die Farbe ändert sich durch unterschiedliche Lichtquellen. Sowohl Tag- als auch Kunstlicht, UV- Bestrahlung oder die Dunkelheit der Nacht sorgen für das wechselhafte Farbenspiel.
Die Installation setzt sich in der schmalen Fritz-Graßhoff-Gasse fort, die sich links am Kunstmuseum entlangschlängelt.

Die Fritz-Graßhoff-Gasse.

Graßhoff war Zeichner, Maler, Schriftsteller und Schlagertexter. Er lebte Mitte des 20. Jahrhunderts über zwanzig Jahre lang in Celle. Ihm würde das Nachtleben in seiner Gasse gefallen. Insgesamt haben 10 Künstler am Farbenspiel rund um das Gebäude mitgewirkt. In einige Bereiche des Museums kann man hineinsehen und Leuchtobjekte bewundern. Diese neue Lichtkunst, die ihre Form und Farbe im dunklen Raum entfaltet, heißt „Lumina“.

Die Seitenfront des Museums besteht aus einem mit Streben unterteilten Metallgerüst, in das rechteckige und quadratische Glasflächen reihenartig eingefügt worden sind. Die unterste Reihe zeigt die Lichtkunst des Künstlers Otto Piene. Der 2014 verstorbene Künstler gehörte 1958 zu den Gründern der Düsseldorfer Künstlergruppe ZERO. Für die vom Krieg geprägte Kunstwelt sollte die Zeit bei „Null“ neu gestartet werden, was Licht und Bewegung in die Zukunft bringen sollte. Das Licht quillt bei seinem

Otto Pienes Kunstwerk „Feuerwerk“.

Kunstwerk aus Öffnungen heraus und verwandelt sich in Kreise, Linien und mysteriöse Sternzeichen. Permanent wechselt die Bewegung und Stärke des Lichts und erzeugt Lebendigkeit.
In den zwei darüber liegenden Glasreihen befindet sich der Bereich der „Quantenlandschaft" von Francesco Mariotti. Die bunten Quanten, kleinste nicht mehr teilbare Lichtelemente, bilden zusammen mit Geräuschen eine unbeschreiblich aufregende und ein wenig unheimliche Landschaft, gleich einem tosenden Farbenmeer. Am besten verweilt der Besucher hier beim Betrachten des Kunstwerkes. Die kleine, gepflasterte Gasse lädt förmlich dazu ein. Die Backsteinwand des gegenüberliegenden Gebäudes erzeugt ein Gefühl von Wärme und Geborgenheit. Beides dient als Grundlage, um sich selbst Zeit und Raum zu geben. Abertausende farbige Blinklichter breiten sich wellenförmig aus. Verschiedenartigste Geräusche durchdringen das Dunkel der Nacht. Welchem Tier, Gegenstand oder Naturereignis ordnet man das Quietschen, Schnarren, Quieken und Rauschen zu? Der Betrachter bewegt sich nachts staunend durch dieses Kleinod, an dem er tagsüber vielleicht achtlos vorbei gegangen ist.
Am Ende der Gasse prankt das von Otto Piene geschaffene rote Skulpturenpaar „Feuerwerk". Die beiden 8,5 Meter hohen Kunstwerke aus Stahl bestehen jeweils aus einer kräftigen Säule und einem runden Kopf mit spitzen Strahlen, ähnlich einem mittelalterlichen Morgenstern. Werden sie vom Boden aus angestrahlt, verfolgt man das Spiel aus Licht und Schatten bis in den Himmel hinein.
Vierundzwanzig Stunden Kunst, tagsüber inspirierend und informativ, nachts ein Farbenspiel und Lichtermeer mit Geräuschkulisse im öffentlich zugänglichen Raum. Das Banner am Bahnhof hat zu Recht gelockt.

Heike Bloom

„Zwischen“ den Fachwerkhäusern

Typisch für Celle als Fachwerkstadt sind Spalten zwischen den Häusern. Fachlich heißen die meist 25–100 cm breiten Zwischenräume „Traufgang“. Der Celler sagt einfach „Zwische“ dazu. Die Zwische bietet viele Vorteile, hat aber auch ihre dunklen Seiten. Fachwerkhäuser bestehen zum größten Teil aus Holz. Einige besitzen heute noch in der Ausfachung der Wände einen Putz aus Stroh und Lehm. Diese Wände liegen vorzugsweise in den Gassen zwischen den Häusern, da sie nicht so ansehnlich sind. Im Schatten machen sie einen düsteren Eindruck. Aus ökologischer Sicht könnten die Materialen nicht besser gewählt sein. Sie sind allerdings leicht brennbar.

Mit dem Abstand zwischen den Häusern versuchte man die Brandgefahr durch Feuerschlag einzudämmen. Im Traufgang befanden sich zudem Fenster. Auch wenn es für heutige Verhältnisse relativ duster ist, so kommt durch sie doch ein wenig Licht und frische Luft in den hinteren Bereich der Gebäude. Breite Zwischen boten einen Zugang zu den Hinterhöfen, in denen Hühner und Schweine gehalten wurden. Manche hatten sogar einen Durchgang bis zur nächsten Hauptstraße. Das Schmelz- und Regenwasser der Traufseite lief, ebenso wie die Abwässer, durch eine Rinne am Boden in den vorderen Straßenbereich. Ein Kanalsystem leitete alles zusammen aus dem Innenstadtbereich hinaus in den Stadtgraben.

Ließ es die Breite der Zwische zu, wurden Abort-Erker (begehbare Klohäuschen) angebaut. Sie besaßen meist ein kleines Fenster, damit man nicht im Dunklen saß. Eine Öffnung im Boden beförderte das kleine und große Geschäft im freien Fall nach unten in die Schmutzwasserrinne. Für die Hygiene waren es finstere Zeiten. 1715 brach in der Neuen Straße eine Seu-

Typisch für Celle: Die Zwische.

che aus. Die Häuser der Infizierten wurden bewacht, Gesunde und Genesende mussten anderweitig untergebracht werden. In der Dunkelheit der Nacht wurden „Zeug und Hausgeräth" der Erkrankten abgeholt und außerhalb der Stadt gereinigt oder verbrannt. Es gab zudem mehreren Ruhr-Epidemien.

1735 wurden umfangreiche Sicherheits- und Ordnungsbestimmungen für die Stadt erhoben. In einem Erlass zur „Reinlichkeit und Bequemlichkeit" hieß es: „Jeden Morgen, wenn der Kothwagen zu erwarten ist, soll der Gassenkoth zusammen gekehrt werden." Es war verboten, den eigenen „Kummer" (sprich

Die Zwische ist für die Öffentlichkeit meist verschlossen.

Unrat) unterzumengen. Glühende Kohlen oder Torfasche durften weder vom Hausbesitzer noch vom Gesinde auf der Gasse oder in der Mistgrube ausgeschüttet werden. Bei einem Verstoß gab es eine Gefängnisstrafe. Hausmüll, zusammengekehrten Schmutz und besagte Kohle nahm der Kothwagen gegen Bezahlung mit.
Für die Sicherheit am Abend und in der Nacht gab es an den Hauptstraßen Kugelleuchten, die die Dunkelheit ein wenig erhellten. Für alle anderen Straßen und die Vorstädte wurden sechs Nachtwächter angestellt. Sie sahen nach dem Rechten und mussten alle halbe Stunde in ein Horn blasen und die Uhrzeit ausrufen. Finstere Gestalten in den dunklen, begehbaren Zwischen hatten sicher Respekt vor ihnen.
Im Erlass zur Verhütung von Feuer gab es vieles zu beachten. Die Löschanstalten mussten über Spritzwerkzeug, Feuereimer und Feuerleitern verfügen. Fünf Jahre später wurde die Verordnung erweitert. Kein Kaufmann durfte mehr als sechs Pfund Schießpulver im Haus haben, die Aufbewahrung hatte auf dem Boden stattzufinden. Die „Feuerherren" sollten alle Gebäude zweimal im Jahr inspizieren, um zu kontrollieren, ob die Löscheimer intakt waren und sich keine brennbaren Sachen in der Nähe der Feuerstelle befanden. In Brauhäusern musste bei Braubetrieb nachts eine Feuerwache gestellt werden. Das Schießen zwischen den Häusern war bei Gefängnisstrafe verboten. Die Feuerspritzen wurden ein- oder zweimal im Jahr öffentlich ausprobiert. Den Brauhäusern wurde durch ein modernes Wasserrohrsystem Wasser zum Bier brauen bis ans Haus geliefert. Das dunkle, herbe Getränk konnte nicht hergestellt werden, wenn es brannte. Jedes Brauhaus war verpflichtet, das Wasser zum Löschen zur Verfügung zu stellen.
In Celle hatte es einige Brände gegeben. Wenn die Flammen richtig loderten, nutzen auch die Zwischenräume nichts. Der

„Brandplatz“ in der Innenstadt erinnert an ein Großfeuer vom 27. Juli 1857. Nach einer langen Phase der Trockenheit hatten vermutlich Kinder im Hinterhaus der Neuen Straße Nr. 4 den Brand ausgelöst. Der Löschmannschaft warf man später mangelnde Kompetenz und Kopflosigkeit vor. Erst eilig aus Hannover herbeigeholten Soldaten gelang es, das Feuer unter Kontrolle zu bringen. Nach dem Brand mussten die rußgeschwärzten Helfer ansehen, wie die ehemals 27 Häuser und dazugehörigen Hintergebäude in Schutt und Asche lagen. Neunundsechzig Familien wurden obdachlos. Sieben Jahre später gründete sich die erste Freiwillige Feuerwehr in Celle.
Ein Streitthema begleitet die Hausbewohner von Anbeginn bis in die heutige Zeit. Welchem Eigentümer oder Mieter gehört welche Zwische und wer muss welchen Bereich sauber und instand halten? Festgeschrieben ist es wohl nicht, aber gewohnheitsmäßig ist jeder Bewohner für die links neben dem Haus gelegene Zwische zuständig. Breite Zwischen werden meist mittig geteilt. Wer nicht gut aufeinander zu sprechen ist, gießt sein Putzwasser schon gerne mal auf der Seite des Nachbarn aus. Ob das die dunkle Seele erfreut? Heute würde mancher Tourist sicher gerne einmal in einen der Traufgänge hineinschauen, die meisten sind aber durch einfache Holztüren verschlossen.

Heike Bloom

Klangfarbe

Meine Welt war in Ordnung. Über mir spannte sich der blaue Himmel. Tausend und abertausend Krabbeltiere lebten auf meinem Stamm. In meinen Ästen nisteten Vögel und zwischen meinen Wurzeln strebten Pilze empor. All diesen Wesen gab ich ein Zuhause. Das war meine Aufgabe. Mein Nachbar aber seufzte. Was wüsste man denn von seiner wahren Bestimmung!
Einmal kamen Männer, die klopften an diesen und jenen Stamm, horchten dem dumpfen Klang hinterher. Sie blickten einander an, schüttelten den Kopf oder nickten sich vielsagend zu. Auch zu mir kamen sie. Strichen anerkennend über meine Rinde, klopften und lauschten. Sie schienen mehr als zufrieden. Nachbar Birnbaum ließ die Zweige hängen. Miesepeter!

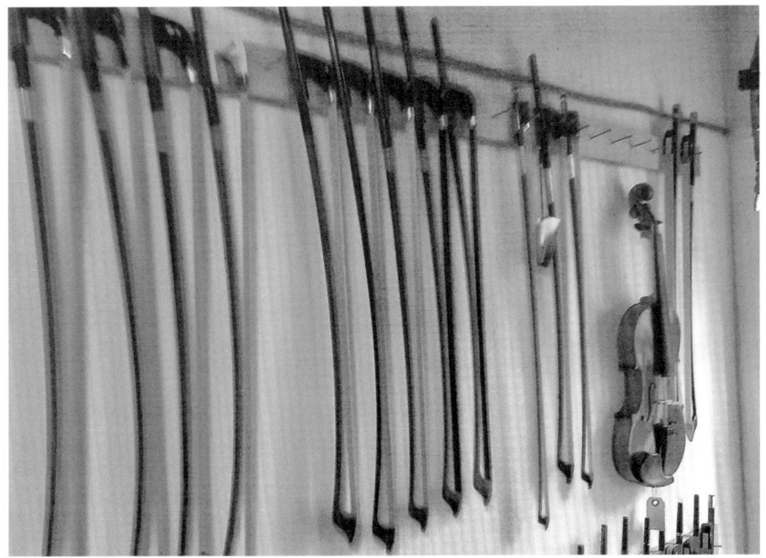

Bögen für Geigen, Kontrabass und Cello, aufgereiht in der Werkstatt Stemann.

Ich war etwas Besonderes. Ich war eine gute elastische Fichte und schon dreihundert Jahre alt. Alle suchten meine Nähe und nun hatte ich also auch einen guten Klang! Ich konnte nicht ahnen, dass mir der schwärzeste Tag meines Daseins bevorstand.

Leute mit Schnittschutzhosen betraten den Wald. Sie trugen Helme auf dem Kopf. Entsetzlichen Lärm verursachten sie. Es gelang mir gerade noch, Schreckimpulse an alle Freunde auszusenden, da gellte ein metallisches Kreischen. Nein, ich bin doch etwas Besonderes, lasst mich! Hatten diese Menschen nicht einen Förster, der die Sprache der Bäume verstand? Zu spät. Grausame Stahlzähne frästen sich in meinen Stamm. Um mich wurde es zappenduster.

Mein Nachbar erlitt das gleiche Schicksal. Die schlimmste Tortur stand uns aber noch bevor. Man jagte uns durch eine Gattersäge. Aus jedem von uns wurden ganz viele Bretter, breite wie schmale, Furnierbögen, Leisten. Schließlich landeten wir in einem Lager. Eingestapelt trockneten wir vor uns hin. Das konnte doch nicht unsere Bestimmung sein? Von Staub bedeckt, ein nutzloses Herumliegen, Tag für Tag, Jahr für Jahr!

Käufer transportierten einige Balken ab. Ein Kunde schlug lauschend meine Keilbretter aneinander. Ich rief: „Da hörst du`s, Birnbaum, ich bin gutes Klangholz!“ Aber auch er wurde erwählt. Man packte uns auf einen Lastwagen. Was stand uns bevor? Herr Birnbaum hatte gut zugehört, er wusste, die Reise ginge nach Celle. Dann eben Celle, mir war alles recht.

Herr Birnbaum klärte mich auf: „Celle ist eine Stadt der Musik. Dort gibt es Notenverlage, ein Geschäft für Geigen und Gitarren, ein Klavierhaus, eine Kontrabasswerkstatt und ein sehr bedeutendes Werk für Blockflöten und andere Holzblasinstrumente. Einen internationalen Stellenwert müssen wir dem Blockflöten-

Eine Marionette als guter Geist der Werkstatt.

werk Moeck zuschreiben. Es ist das weltweit größte Unternehmen seiner Art. Gegründet wurde es 1930. Heute wird es in dritter Generation geführt. Dem Sohn des Gründers, Dr. Hermann Moeck, hat die Stadt viel zu verdanken. Er war in verschiedenen Bereichen ehrenamtlich tätig, immer sozial engagiert und seine Innovation im Wirtschaftssektor war beispiellos. Nicht von ungefähr wurde Dr. Hermann Moeck das Bundesverdienstkreuz verliehen. 1966 wurde auf seine Initiative hin die Kreismusikschule gegründet, die sich heute über mehr als eintausend Schülerinnen und Schüler freuen darf."

Birnbaum redete und redete: „Schön und gut, Herr Nachbar, aber was hat das alles mit uns zu tun?"

„Wir sind für den Instrumentenbau vorgesehen. So höre: für den Bau einer Altflöte, Blockflöte oder Sopranino wird vorwiegend Holz aus Birnbaum verwendet, auch Zitronen- oder Olivenholz ist denkbar. Holzblasinstrumente, die in Indien, China, Haiti oder Kanada gespielt werden, fanden vielleicht ihren Ursprung im Blockflötenwerk Moeck in Celle. Die Firma Moeck vertreibt auch Flötenliteratur und hat einen angegliederten Notenverlag."

Was für ein Schlausprecher, dieser Herr Birnbaum! Aber ich dankte ihm artig für die Ausführungen. Beruhigt hatte mich das alles nicht. Der Gedanke, auf einer Drechselbank im Flötenwerk zu landen – uuuh, mir wurde ganz schwindelig!

Unsere Wege trennten sich. Ich landete in der Werkstatt von Michelle Stemann. Ihr Arbeitsplatz befindet sich in der oberen Etage eines historischen Fachwerkhauses. Während man mich hochschleppte, verband sich das Knarren der Treppenstufen mit Akkorden, die jemand einem Cello entlockte. Offenbar wurde ein Instrument neu gestimmt.

Frau Stemann hat sich auf Wartung und Reparatur von Geigen, Celli und Kontrabass spezialisiert. Manche Kunden wünschen Veränderung, andere suchen ein gebrauchtes Instrument, so treibt Michelle Stemann auch Handel. Ihr Kundenkreis umfasst einen Radius von 400–500 Kilometern. Sehr viele Spezialwerkstätten dieser Art gibt es nicht in Deutschland.

Bereits vorgesägt – man hatte mir eine hübsche Taille verpasst – wurde ich in ein Regal gepackt. Irgendwann würde Frau Stemann mich brauchen, oder, oh weh, nur einen Teil meiner selbst. Mein Stündlein hatte geschlagen, als ein verzweifelter Musiker mit seinem demolierten Cello die Werkstatt betrat. Der Patient war gestürzt, der Corpus – hier sagte man Schachtel – wie auch die Decke aus Fichte waren schwer beschädigt. Und richtig nahm Michelle Stemann mich aus dem Regal. Ich sollte die neue Decke für das Cellowrack werden. Ich sah entsetzt auf Feile, Raspel, Hohlbeitel. Aber meine Sorge war unbegründet. Jeder Holzabtrag verändert ja den Klang, so war Behutsamkeit nötig. Und – tatsächlich, so etwas gibt es – Fingerhobel kamen zum Einsatz! Der kleinste ist kaum größer als ein Daumennagel. Michelle Stemann vollbrachte ein Wunder. Ich hatte wieder eine Aufgabe! Und wie glücklich war erst unser Kunde. Der Musiker erzählte, er spiele für den Kammermusikring im Schlosstheater. Stücke von Beethoven und „Die vier Jahreszeiten“ von Vivaldi erwarteten uns. Ich war sehr aufgeregt.

Dann die Überraschung! Im Orchester traf ich meinen alten Bekannten Herrn Birnbaum wieder. Er hatte Drechselbank und Präzisionsbohrer überlebt. Anscheinend wurde er gut gehalten. Das Spielen kam bei ihm nicht zu kurz. Jeden Tag holte sein Musiker ihn aus dem Futteral, er wurde gestreichelt, seine Bindung wurde stets gut gefettet.

Und unser Konzert? Ach, wie schraubten sich die Melodien hinauf, glockenhell. Dunkle Töne von Bassgeigen, gestrichen, gezupft, jeder Nerv vibrierte.

Ein jahrhundertelang gewachsener Baumstamm wird durch handwerkliches Geschick zu einem Instrument, das seinerseits über viele Epochen die Ohren der Menschen verwöhnt. Der Virtuose bringt technisches Know-how und Musikalität zusammen, kooperiert mit den anderen Orchestermitgliedern, bis ein homogenes Ganzes entsteht. Das Werk des Komponisten, vor langer, langer Zeit erschaffen, findet seinen Ausdruck immer wieder aufs Neue. Die geballte Energie lässt Spieler und Hörer verschmelzen. Natur und Handwerk, Virtuosität und soziales Miteinander lassen Grenzen zerfließen. Musik spottet jeder Sprachbarriere, sie ist eine Magie, die uns aus der Dunkelheit in das Licht führt.

Karin Sohnemann

Der Schwarze Weg führt zum schwarzen Gold

Über 8000 Einwohner zählt die Gemeinde Wietze, fünfzehn Kilometer von Celle entfernt. Einige wohnen in der heute idyllisch gelegenen Straße „Schwarzer Weg“, ein Straßennamen, der in deutschen Gemeinden recht häufig zu finden ist. Sicher hat jeder Schwarze Weg seine eigene, dunkle Geschichte. So auch der in Wietze.

Auf alten Karten ist der Weg bereits Ende des 18. Jahrhunderts vermerkt, allerdings ohne Namen. Er führte in das Mündungsgebiet des 27 Kilometer langen Flusses „Wietze“, nach dem das Dorf benannt wurde. Diese Gebiet hieß „Achterbüh“, übersetzt heißt es: „Hinter der Flussbiegung“. Ende des 19. Jahrhunderts bekam der Weg den Namen „Zum Achternbüh“. Es war ein ruhig gelegener Pfad zwischen Wiesen und Weiden. Zum Winter hin wurde Bau- und Brennholz transportiert, im Sommer weidete das Vieh auf dem Grünland.

Der Winser Vogt Adam Stubenbach berichtete 1652, dass auf dem Acker des Bauern Lohmann in Wietze eine „fließende Materie“ hervorgequollen sei. Pechschwarz war sie, gut zu sehen an den Beinen der Kühe, die dort weideten. Zuvor war von einem unheimlichen Teich berichtet worden, dessen Wasser von einer schwarzen, zähflüssigen Masse bedeckt wurde. Warf man einen Stein hinein, versank er, ohne Ringe auf der Oberfläche gebildet zu haben. Der Teich bekam den Namen „Theerkuhle“.

Die Jungen des Dorfes brachten den schwarzen Brei in Eimern nach Hause und prompt kam es zu Streitigkeiten im Dorf. Es stellte sich heraus, dass die abgeschöpfte Masse für vielerlei nützlich war: als Wagenschmiere, Leuchtmittel für Lampen, Holzschutzmittel, Dichtungsmittel im Schiffsbau und Heilmittel gegen Rheumatismus, Würmer und für die Wundheilung. Das Zeug – es handelte sich um Erdöl – ließ sich gut verkaufen und davon wollen alle profitieren. Bauer Lohmann allerdings mochte nicht teilen, zäunte die Kuhle ab und verschloss sie mit einem Tor. Ohne es zu wissen, setzte er damit den Grundstein für die Ölgewinnung. Die anderen Bauern verwendeten Handbohrer, um ihre Äcker zu untersuchen. Bald hatte jeder seine eigene Teerkuhle. Die Kunde darüber reichte bis nach Hannover.

Mitte des 19. Jahrhunderts gab es auf Initiative von Professor Georg Hunäus, der an der Technischen Hochschule lehrte, die ersten Bohrungen in Wietze. Seine Theorie besagte, wo Teer (mittlerweile umgangssprachlich auch „Satans- oder Teufelspech" genannt) aus der Erde tritt, muss es ein Braunkohlevorkommen geben. Was aus der Erde hervorsprudelte, war allerdings Erdöl. Die erste Bohrung war nicht sehr ergiebig. Bald aber folgten viele weitere und zwar mit großem Erfolg. 1905 gab es

Die Erdölwerke in Wietze um 1910.

in Wietze 32 Firmen, die mit Bohr- und Gewinnungsarbeiten beschäftigt waren. Drei davon befanden sich „Am Achterbüh“. Die Abfuhr des Erdöls verursachte schlimmste Verschmutzungen. Sogar die Presse berichtete von Fuhrwerken, die nur beschwerlich auf dem zähen Gemisch aus Heidesand, Öl, Wasser und

Das Außengelände des Erdölmuseums in Wietze.

Ton vorankamen. Es grenze an Tierquälerei, so sehr müssten sich die Pferde abmühen, die schwere Last durch den schwarzen Morast zu ziehen. Der Transport war so beschwerlich, dass Sechsspänner eingesetzt werden mussten. Da es kein öffentlicher Weg war, wollte niemand Verantwortung und Geld für eine Verbesserung der Fahrbahn übernehmen. Zudem gab es weder einen Fußweg noch eine Rinne für Schmutz und Abwasser.
Zur ersten Abhilfe wurde Kohlenschlacke ausgebracht. Nun wurde es im wahrsten Sinne des Wortes ein schwarzer Weg. So musste man, bevor man als Kunde das Kolonialwarengeschäft betrat, die überaus dreckigen Schuhe putzen. 1906 wurde vom Landrat eine Befestigung mit Steinmaterial beschlossen. Auf dreieinhalb Metern Breite wurde der Weg gepflastert. Gegen die ursprünglich festgelegte Länge von 480 Metern wurde von der Gemeinde Widerspruch eingelegt. Von der Landstraße Wietze-Hornbostel aus gesehen wurden lediglich 300 Meter bepflastert.
1909 wurden 80 % der deutschen Inlandsnachfrage durch Wietzer Erdöl abgedeckt. Zahlreiche Firmen wurden in Celle für den Bohrbetrieb und die Ölgewinnung gegründet. Die schwarze Materie wurde erst durch Pumptechnik und später auch im Bergbau gefördert. Der Schacht trug den Namen „Glück auf“. Das Erdöl machte einige Bauern reich, andere nicht. Glücklich dran waren die Heidebauern, die für den Fall, dass auf ihren Grundstücken einmal Öl gefunden werden sollte, vor 1934 einen „Mutungsvertrag“ abgeschlossen hatten. Ein von Hermann Göring verfasstes Gesetz über das Nutzungsrecht des Staates schloss alle Bauern aus, die bis 1934 keine Mutmaßungsrechte angemeldet hatten. 1951 brachten diese Verträge den Bauern in einem einzigen Jahr eine Millionen DM als Förderzins ein. Zu Recht wurde Erdöl nun „schwarzes Gold“ genannt. Mit der Erd-

ölförderung schnellte die Zahl der Einwohner seit Anfang des 20. Jahrhunderts immens in die Höhe. Aus dem In- und Ausland suchte man sein Glück bei den Erdölfirmen. Die Kriminalität im einst beschaulichen Heidedorf stieg enorm an.

Der Heidedichter Hermann Löns (gest. 1914) schrieb in seinem Gedicht „ Der Bohrturm“ folgenden Vers: „Es liegt das Dorf so still und klein; Dich mache ich groß und laut und gemein.“ In Bezug auf die Natur heißt es in diesem Gedicht: „Es blitzt der Bach im Sonnenschein; Bald wirst du schwarz und schmutzig sein.“ Der letzte Vers fasst die Meinung Hermann Löns’ über die Erdölgewinnung in diesem Dorf zusammen: „Der Meißel frißt sich in den Sand; Der schwarze Tod geht durch das Land.“

Nach dem Zweiten Weltkrieg wurden in Wietze einige Vertriebene sesshaft und manche arbeiteten bei den Ölförderungsfirmen. Der Flüchtling Brose kaufte sich für 300 DM einen Morgen Land. Nach Anfrage erlaubte er, dass das Bohrloch Nummer acht eingerichtet werden konnte. Das brachte ihm fortan täglich 45 DM ein. Mit den Jahren war die Förderung des schwarzen Goldes nicht mehr rentabel genug und wurde 1963 eingestellt. Die einstmals pechschwarze Straße wurde 1970 modern ausgebaut und trägt nun den Namen „Schwarzer Weg“. Im gleichen Jahr wurde in Haus Nummer 7 das Erdölmuseum Wietze eröffnet. Im Hauptgebäude werden in einer anschaulichen Ausstellung die Entstehung, Förderung und Weiterverarbeitung des Erdöls erläutert. Auf dem angrenzenden Freigelände befinden sich zahlreiche Bohr- und Fördereinrichtungen, Mess- und Spezialfahrzeuge sowie technische Einrichtungen vom ehemaligen Ölfeld. Wer „ Klein-Texas“ besuchen möchte, fährt nach Wietze. Der Schwarze Weg führt zum schwarzen Gold.

Heike Bloom

Kaffee schwarz und bitter

Im Celler Heilpflanzengarten findet man über 300 Heilpflanzen und Kräuter. Idyllisch an der Aller gelegen, genießen Menschen und Pflanzen dort den Sonnenschein und vor allem die Ruhe. Den Regen mögen wohl eher nur die Pflanzen. Eine von ihnen wurde zur Heilpflanze des Jahres 2020 gewählt. Es ist die gemeine Wegwarte. Sie wartet am Weg, aber nicht nur in diesem Garten. Auf ihre Art ist sie etwas ganz Besonderes. Ihre hellblauen Blüten zeigt sie nur für wenige Stunden und zwar am Morgen. Jede von ihnen blüht nur einmal auf. Im Volksmund hieß sie deshalb „Faule Magd“ oder „Faule Gretel“. Ohne die Blüten würde man sie lediglich als unscheinbares Grünzeug mit länglichen Blättern ansehen. Dabei ist sie eine schmackhafte Salatpflanze, die man auch in alten Kräuterbüchern findet. Kulturformen dieser Salatpflanze sind der Chicorée und Radicchio. Die Wegwarte ist als Heilpflanze wissenschaftlich anerkannt als Mittel gegen Appetitlosigkeit und Verdauungsbeschwerden. Sie soll ebenfalls helfen bei Rheuma, Gicht und Hauterkrankungen. Die Wegwarte, auch Zichorie genannt, hat aber zudem eine ganz andere, eine dunkle Seite und die befindet sich unter der Erde. Aus ihrer langen Pfahlwurzel kann Kaffee zubereitet werden. Man muss nur wissen, wie das geht. Viele ältere Menschen erinnern sich daran, dass es Bohnenkaffee nicht immer zu kaufen gab, oder er war schlichtweg zu teuer.

Als Kaffeeersatz wurde neben Gerste, Roggen und Eicheln die Zichorienwurzel geröstet. Nach der Ernte der Wurzel wurde diese gründlich gewaschen, geschrubbt und anschließend getrocknet. Im Steinguttopf wurde sie bis zum Winter aufbewahrt. Dann kamen die „Zigorjen-Brenner“ vorbei. Diese Männer besaßen große Eisenpfannen und rösteten (brannten) die getrockneten

Wurzelstücke, bis sie schwarz wurden. Der dunkle Qualm stand tagelang im Raum. Beim Brennen passierte etwas sehr Wichtiges. Der enthaltene stärkehaltige Stoff Inulin karamellisierte und es bildeten sich wertvoller Fruchtzucker, Karamell und vor allem Aromastoffe. Die kleinen dunklen Brocken wurden gemahlen und erneut in Steinguttöpfen aufbewahrt.

Zichorienkaffee ist auch bekannt als Bauernkaffee oder Muckefuck. Trank man Kaffee, der aus Roggen oder Gerste hergestellt worden war, musste man auf jeden Fall Zichorienpulver dazugeben, damit das Getränk eine schöne dunkelbraune Farbe bekam. Das Bittere war nicht jedermanns Geschmack.

Einer, der den Getreidekaffee überhaupt nicht mochte, war der Heidedichter Hermann Löns (1866–1914). Er kehrte gerne regelmäßig in Gasthäuser ein. Folgende Geschichte soll sich im

Die Wegwarte wird im Frühjahr gerne für Salat verwendet.

„Strohkrug“ in Altencelle zugetragen habe. Hermann Löns war ein Liebhaber des „echten“ schwarzen Kaffees. Bevor er sich seinen Kaffee bestellte, bat er die Wirtin auf charmante Weise, ihm doch einmal ihren gesamten Vorrat an Zichorienpulver zu zeigen. Sie machte sich auf den Weg in die Küche und kam mit einem Arm voll Dosen zurück. Augenzwinkernd fragte er die Gutgläubige, ob das denn schon alles sei. Nach einem erneuten Gang zur Küche, stellt sie die letzte vorhandene Dose auf den Tisch. Die Wirtin beteuerte: „Herr Löns, das ist wirklich alles, was an Zichorienvorrat da ist.“ Da lächelte der Dichter und bestellte sich einen echten, guten Kaffee, von dem er sicher sein konnte, das ihm nichts mehr beigemischt wurde.
Ob Hermann Löns vom echten Kaffee und den vor ihm stehenden Zichoriendosen inspiriert wurde, ein Gedicht über die Wegwarte zu schreiben? Die letzten Zeilen lauten folgendermaßen: „Da stehst du und wartest/ Daß ich komme daher/ Wegewarte, Wegewarte/ Du blühst ja nicht mehr.“
Ob sie nun blüht oder nicht, als Medizin, Salat oder schwarzer Kaffee hat die Wegwarte eine heilende, eine geschmacksvolle und eine dunkle Seite aufzuweisen. Sie lässt sich genießen bis zum bitteren Ende.

Heike Bloom

Die Entführung

An einem Abend im Januar 2003 erklang Hufgetrappel und lautes Rattern auf der Trift. Die Anwohner spähten in die Dunkelheit und glaubten ihren Augen nicht zu trauen. Da fuhr tatsächlich eine Kutsche vor. Auf dem Bock saß ein Herr, angetan mit Zylinder und einem altmodischen Cape. Die Peitsche wippte über den Hinterteilen der Rosse. Vor Haus Nr. 21, gleich neben der Volkshochschule, kam das Gespann zum Stehen. Wer durch die Vorhänge lugte, bemerkte hektische Bewegungen, gewahrte wie ein einzelner Reiter herangaloppierte, jemanden auf sein Pferd zog und davonpreschte.

Eine Kutsche an diesem Ort, das wäre vor dreihundert Jahren ein normaler Anblick gewesen. Schon immer war dies eines der vornehmsten Quartiere der Stadt. Es war das Privileg der gut besoldeten Hofbeamten und Juristen, auf der Trift zu wohnen. Seit jeher ist nur eine Seite der Straße bebaut. Heute schaut man auf Grünanlagen, ehedem waren hier Pferdeweiden und die alte Viehdrift, über die die Stadtbürger ihre Weidetiere in das Wietzenbruch getrieben hatten.

Was aber spielte sich heute, im 21. Jahrhundert, ab? Frauen in vornehmen langen Kleidern mit Samtumhang, ein Herr in Uniform und eine Magd mit Häubchen und wollenem Umschlagtuch traten aus der Hofeinfahrt. Aufgeregtes Gestikulieren, lautes Rufen ertönten. Erst auf den zweiten Blick erkannten die Anwohner das Kamerateam. Der eine oder andere Nachbar erinnerte sich dunkel an die angekündigten Dreharbeiten. Die Redakteurin Kathrin Heineking hatte für den NDR Kriminalfälle aus der Region ausgewählt. Neun Kurzfilme, gedreht an Originalschauplätzen, entstanden. Es handelte sich um wahre Begebenheiten, die sich zwischen dem 16. und 19. Jahrhundert zugetragen hatten.

In dieser Episode sollte es um eine Entführung gehen, die im Jahre 1777 jedes Celler Frauenherz rührte. Es war Liebestollheit, die Levin August Gottlieb von Bennigsen bewog, seine Angebetete zu entführen. Er diente in der kaiserlichen russischen Armee. Aus gutem Grund hielt er sich häufiger in Celle auf. Er war Witwer und während er in der Armee, fern der Heimat, seinen Dienst tat, lebten seine kleinen Töchter aus erster Ehe in Celle und Hannover. An der Trift könnte sich das Paar häufig bei der Großmutter der Kleinen getroffen haben.
Auch Amalie Oelgardt von Schwicheldt hatte Verwandte in der Trift in Celle. Bei einem dieser Besuche werden sie sich kennengelernt haben. Nein, sie lernten sich nicht nur kennen, sie entbrannten in Liebe zueinander! Bennigsen hielt bei Amaliens Mutter um deren Hand an. Harsch wurde er abgewiesen. Er möge sich unterstehen, jemals wieder den Kontakt zu Amalie zu suchen. Was wird Amaliens Mutter gesagt haben? „Was fällt dir ein? Der Mann war zweimal verheiratet, hat bereits Kinder! Und Russland, schlag ihn dir aus dem Kopf!"
Die Liebenden sahen keinen anderen Weg als die Flucht. Würde Levin das Risiko einer Entführung auf sich nehmen, könne man die Frau Mama sicher von seinen ehrbaren Absichten überzeugen. Gesagt, getan. Bis nach Elze schaffte es Levin mit seiner Herzensdame. Dort warteten sie auf eine Reaktion der Frau von Schwicheldt. Die Reaktion kam und sie zeugte nicht gerade von Mutterliebe. Die Familienehre derer von Schwicheldt erfordere eine strafrechtliche Verfolgung, hieß es. Sollten die Entflohenen gefasst werden, so bestünde sie darauf, dass sofort, noch in der Haft, eine Vermählung vorgenommen werden müsse. Amalie, die solchermaßen Gestrauchelte, wie auch Levin dürften sich danach nur außer Landes aufhalten. Die Dame hoffte, auf diese Weise den guten Ruf der Familie zu retten.

So zog das Paar notgedrungen in das ferne Zarenreich. Mehrere Gnadengesuche mit der Bitte um Heimkehr und Versöhnung scheiterten. Erst als der Schwiegersohn eindringliche und sehr besorgte Briefe sandte, lenkte Frau von Schwicheldt ein. Amaliens Gesundheit war nämlich durch das raue Klima im russischen Norden sehr angegriffen. Nach Jahren im Exil durfte das Paar zurückkehren. Amalie aber erholte sich nicht und starb. Eine abenteuerliche, romantische Geschichte, die in einer Tragödie endete.

Karin Sohnemann

Der Junge aus dem Rauchhaus

Ein heftiges Flattern in der Dunkelheit. Archimedes ist zurück. Die Eule wird sich nun um die Mäuse auf dem Dachboden kümmern. Beruhigt wickelt sich Hermann in die raue Wolldecke und schläft auf der Stelle ein. Dem arbeitsreichen Tag folgt ein tiefer Schlaf. Der Junge ist 12 Jahre alt und soll einmal den Hof übernehmen. Er lebt Ende des 19. Jahrhunderts.

Vor einem Jahr hatte Hermann nachts Angst beim Einschlafen. Der Knecht musste den Hof in Winsen an der Aller verlassen, weil er an freien Abenden mehrfach zu spät nach Hause gekommen war. Seitdem schlief der Junge alleine in der kleinen, dunklen Kammer neben der Diele mit der Feuerstelle. Es war Winter und bis auf die Schweine befanden sich alle anderen Tiere im Haus. Sie machten Geräusche, an die sich Hermann erst gewöhnen musste. Sobald die lodernden Flammen unter dem Feuerkorb zur Glut verkümmerten, wurde es finster. Als der Junge das Flattern zum ersten Mal und gleich darauf das laute Piepsen einer Maus hörte, lag er die ganze Nacht schweißgebadet im Bett.

Am folgenden Morgen entfachte die Mutter aus der Glut ein Feuer und im Haus verbreitete sich ein wenig Wärme und etwas Helligkeit. Der Alltag begann und endete an der Feuerstelle, dazwischen gab es eine Menge Arbeit. Der Vater verlangte viel von dem Kind. Da war es gut, dass es Großvater Hannes gab. Er hatte Zeit für Hermann. Nun erfuhr der Enkel, wer da nachts herumflatterte. Es sei eine Eule, sagte der Alte. Sie flog erst ins Haus, wenn kein Rauch mehr aus dem Eulenloch nach draußen drang. Hermann gab ihr den Namen Archimedes. Wer jeden Abend den Weg nach Hause fand, der musste so klug sein wie der Großvater.

Die Familie lebte in einem Rauchhaus, es gab keinen Kamin. Der Qualm des Feuers stieg neben der Herdstelle, dem Flett, durch die breiten Spalten der Dachbodenbretter nach oben und verließ das Haus durch die „Uhlenflucht“, das Eulenloch. Die Hitze trocknete das gelagerte Getreide und vertrieb die Schädlinge. Direkt über dem Feuer befand sich ein mit Eichenbohlen ausgefüllter Holzrahmen. Er schützte vor dem Funkenflug. Die rußgeschwärzten Bohlen verschlangen das meiste Licht, im Gebäudes war es stets dämmrig.
Von dem Feuer aber ging Gefahr aus. Vor einem Monat hörte man die Feuerglocke des Nachbarn läuten, es brannte. Der Vater rannte mit seinem ledernen Löscheimer hinüber, so wie viele andere auch. Es wurde eine Menschenkette vom Brunnen zum Haus gebildet. Die Eimer mit Löschwasser wanderten durch viele helfende Hände. Der Hof konnte gerettet werden.

Die zentrale bäuerliche Hofanlage im Museumshof Winsen.

In der Nähe des Herdfeuers hing Speck zum Räuchern und auf dem Fußboden standen Schalen, die das tropfende Fett auffingen, sogenannte „Fettnäpfchen“. Da durfte man nicht hineintreten, denn das Fett wurde vom Altenteiler gebraucht. Seine Aufgabe war es, die Ackerwagen zu pflegen. Alles, was gefettet werden musste, wurde vom alten Hannes erledigt. Hermann half, er musste es schließlich lernen. Die Fuhrwerke standen unter dem Wagenschauer. Über dem Vordach des Wagenschauers war der Heuboden, in dem das Futter für die Tiere lagerte. Zum Ausladen fuhren die Wagen unter den vorderen Teil des Heubodens. Dort befanden sich locker aufliegende Bohlen. Sie wurden zum Entladen einfach auf Seite geschoben und später wieder ausgelegt, als Schutz für das Futter und zum sicheren Auftreten.

Als Nächstes wollte Großvater die Scharniere des großen Tores am Haupthaus fetten. Normalerweise wurde es selten geöffnet, meist, wenn das Getreide zum Dreschen hereingefahren oder das Vieh zum Überwintern in die Stallungen getrieben wurde. In der Diele neben dem Flett, auch Tenne genannt, befand sich der Dreschplatz. Das Dreschen war zwar anstrengend, wurde aber oft – und vielleicht gerade deswegen – von heiterem Gesang begleitet.

Das Füttern der Kühe im Haus war Hermanns Aufgabe. Am Anfang des Winters standen die Tiere bequem in der Stallung. Im Laufe der Wochen bildete sich durch die Einstreu mit Waldboden und die Mengen an Kuhfladen eine immer dicker werdende Schicht am Boden. Meist stießen die Kühe am Ende des Winters mit dem Rücken an die über ihnen liegenden Bohlen. Beim Ausmisten im Frühjahr half der Altenteiler. Der Mist kam als Dünger auf die Felder. War das große Tor geöffnet, wurde das Rauchhaus vom Tageslicht erhellt.

Einmal hatten sie Besuch von einer Kräuterfrau. Sie steckte Haare vom Kuhfell in die Löcher der alten Pfähle und murmelte Sprüche, die das Böse aus dem Haus vertreiben sollten. Mutter sagte später, die Frau wäre ein „Spökenkieker", das ist jemand mit einem zweiten Gesicht. Diese Menschen könnten Sachen voraussagen, die einmal passieren würden.
Großvater saß gerne mit Spökenkiekern oder den anderen Altenteilern aus dem Dorf am Flett und ließ sich berichten, was es für Neuigkeiten oder Merkwürdiges gab. Die Leute aus dem Dorf sagten, dass der alte Hannes ebenfalls ein zweites Gesicht habe. Hermann glaubte fest daran. Abends, wenn es draußen dunkel war, sprach der Alte manchmal von unheimlichen Sachen. Vor zwei Jahren sagte er, dass er etwas Ungewöhnliches riechen würde. Am darauffolgenden Abend, als die Familie beisammen saß, flüsterte er, er wüsste nun, wonach es rieche, nach dem Tod. Eine Woche später starb die Großmutter.
In der Dämmerung unternahm Hannes oft Spaziergänge zum Galgenberg, auf dem früher Verbrecher aufgehängt wurden. Opa Hannes erzählte dem Enkel, dass zwei Sünder für einen nächtlichen Diebstahl sterben mussten. Sie wurden auf ihrem letzten Weg von Geistlichen begleitet, damit sie bekehrt wurden und um Vergebung bitten sollten. Eine Hinrichtung war ein gruseliges Schauspiel, um das sich meist eine schwarze Menschenansammlung scharrte. Ob der Alte dem Jungen damit sagen wollte, dass man stets auf dem rechten Weg bleiben soll?
Eines Tages saß Hermann spät abends alleine mit dem Großvater am Herdfeuer. Langsam verging das Feuer zur Glut und es wurde finster. Der Altenteiler hatte etwas „gesehen". Etwas, was der Junge für unmöglich hielt. Am besagten Galgenberg, den die Menschen mieden, sollte einmal ein Haus gebaut werden.

Dabei würde es aber nicht bleiben. Nach und nach würde eine große Hofanlage entstehen und viele Menschen würden sich dort aufhalten. Sie würden sogar feiern und fröhlich sein. Hermann hörte gespannt zu und fragt den Großvater, ob er diese Dinge nur im Dunkeln sehen könne. Seine Antwort lautete: „Ja". Von nun an freute sich der Junge auf die Dunkelheit und auf Archimedes. Wenn die Eule anwesend war, begannen seine eigenen spannenden Träume. Er würde auch einmal ein großes Haus bauen, das viel Licht ins Haus lässt. Ein Zimmer mit einem wärmenden Ofen für den Großvater müsste es haben und ein Eulenloch für Archimedes. Mit jedem Traum wuchs sein Haus.
Unzählige Jahre später, im Jahr 1979, gründen zehn Männer aus Winsen (Aller) den Winser Heimatverein. Bald darauf wurde ein Niederdeutsches Zweiständer-Hallenhaus im Ort ab- und am Galgenberg wieder aufgebaut. Innerhalb von 32 Jahren entstand ein Museum mit einer kompletten Hofanlage. Vervollständigt wurde das Ensemble durch ein imposantes Veranstaltungshaus „Dat groode Hus". In den Häusern ist es immer noch dunkel, davon kann sich jeder überzeugen, der den Museumshof im Zeitraum zwischen April bis Oktober besucht. Bei den Veranstaltungen auf dem Gelände wird gejazzt oder über Oldtimer gefachsimpelt. Zum Backtag am 1. Mai kommt seit Jahren ein anderer, mittlerweile über 90 Jahre alter Hermann mit seinem Elektromobil angefahren. Er genießt die fröhliche Geselligkeit der zahlreichen Menschen aus nah und fern bei Butterkuchen, Bratwurst, Musik und Tanz.
Abends, wenn die Dämmerung einsetzt und Ruhe einkehrt, flattert eine Eule über den Museumshof. Archimedes weiß, Großvater Hannes hatte ein zweites Gesicht.

Heike Bloom